国際交流基金 日本語教授法シリーズ 9

初級を教える

国際交流基金 著

国際交流基金

国際交流基金 日本語教授法シリーズ
【全14巻】

 第 1 巻「日本語教師の役割／コースデザイン」

 第 2 巻「音声を教える」［音声・動画・資料　web付属データ］

 第 3 巻「文字・語彙を教える」

 第 4 巻「文法を教える」

 第 5 巻「聞くことを教える」［音声ダウンロード］

 第 6 巻「話すことを教える」

 第 7 巻「読むことを教える」

 第 8 巻「書くことを教える」

 第 9 巻「初級を教える」

 第10巻「中・上級を教える」

 第11巻「日本事情・日本文化を教える」

 第12巻「学習を評価する」

 第13巻「教え方を改善する」

 第14巻「教材開発」

■はじめに

　国際交流基金日本語国際センター（以下「センター」）では1989年の開設以来、海外の日本語教師のためにさまざまな研修を行ってきました。1992年には、その研修用教材として『外国人教師のための日本語教授法』を作成し、主に「海外日本語教師長期研修」の教授法の授業で使用してきました。しかし、時代の流れとともに、各国の日本語教育の状況が変化し、一方、日本語教授法に関する研究も発展したため、センターの研修の形や内容もさまざまに変化してきました。

　そこで、現在センターの研修で行われている教授法授業の内容を新たにまとめ直し、今後の研修に役立て、また広く国内外の日本語教育関係のみなさまにも利用していただけるように、この教授法シリーズを出版することにしました。この教材の主な対象は、海外で日本語教育を行っている日本語を母語としない日本語教師ですが、広くそのほかの日本語教育関係者や、改めて日本語教授法を独りで学習する方々にも役立てていただけるものと考えます。また、現在教師をしている方々を対象としていますが、日本語教育経験の浅い先生からベテランの先生まで、できるだけ多くのみなさまに利用していただけるよう工夫しました。

■この教授法シリーズの目的

　このシリーズでは、日本語を教えるための必要な基礎的知識を紹介するだけでなく、実際の教室で、その知識がどう生かせるのかを考えてもらうことを目的としています。

　国際交流基金日本語国際センターでは、教師の基本的な姿勢として、特に次の能力を育てることを目的として研修を行ってきました。その方針はこのシリーズの中でも基本的な考え方となっています。

１）自分で考える力を養う

　理論や知識を受身的に身に付けるのではなく、自分で考え、理解して吸収する力を身に付けることを目的とします。

２）客観性、柔軟性を養う

　自分のこれまでの方法、考え方にとらわれず、ほかの教師の意見や方法を知り、客観的に理解し、時には柔軟に受け入れることのできる教師を育てることをめざします。

3）現実を見つめる視点を養う

つねに現状や与えられた環境、自分の特性や能力を客観的に正確に把握し、自分の現場に合った適切な方法を見つける姿勢を育てることをめざします。

4）将来的にも自ら成長できる姿勢を養う

研修終了後もつねに自分自身で課題を見つけ、成長しつづける自己研修型の教師を育てることをめざします。

■この教授法シリーズの構成

このシリーズは、テーマごとに独立した巻になっています。どの巻からでも学習を始めることができます。各巻のテーマと概要は以下の通りです。

巻	テーマ	概要
第 1 巻	日本語教師の役割／コースデザイン	日本語を教えるうえでの全体的な問題をとりあげます。
第 2 巻	音声を教える	各項目に関する基礎的な知識の整理をし、具体的な教え方について考えます。
第 3 巻	文字・語彙を教える	
第 4 巻	文法を教える	
第 5 巻	聞くことを教える	
第 6 巻	話すことを教える	
第 7 巻	読むことを教える	
第 8 巻	書くことを教える	
第 9 巻	初級を教える	各レベルの教え方について、総合的に考えます。
第 10 巻	中・上級を教える	
第 11 巻	日本事情・日本文化を教える	
第 12 巻	学習を評価する	
第 13 巻	教え方を改善する	
第 14 巻	教材開発	

■この巻の目的

　この巻は、日本語でコミュニケーションできる能力を身に付けることを目的とする初級のコースで、学習者に何をどのように学習させていったらよいかを考えます。特に、教科書を分析し、学習内容と学習目標を決め、授業の流れや活動の方法を考える「授業設計」について取りあげ、各自の教育現場への応用を具体的に考えます。

　この巻の学習目標は以下の3点です。

①初級のクラスの学習目標を考えられるようにします。
②言語習得の過程にそった授業の流れを理解し、段階に応じた活動を考えられるようにします。
③コミュニケーション能力を身に付けることを目標とした初級の授業が設計できるようにします。

■この巻の構成

1．構成

本書の構成は以下のようになっています。

1. 初級で身に付けさせたい能力
＊さまざまな外国語能力がどのように説明されているか、コースの到達目標がどのように書かれているかを知り、自分のコースの目標を確認する。
2. コミュニケーション能力を育てる授業
＊学習者の習得過程にそった授業の流れと、それぞれの段階にあった活動の方法を知る。
＊さまざまな活動を紹介し、各自のクラスへの応用を考える。
3. 授業設計
＊授業設計の方法を知り、教科書の1つの課について授業設計を行う。
＊1時間分の授業を実施し、評価する。

2．各章の構成

次のような内容に分かれています。

 ふり返りましょう

自分自身の体験や教え方をふり返る

知っていること、実際に行っていることなどを思い出し、次の「考えましょう」の準備をします。

 ## 考えましょう

活動や実践の意味を考える

さまざまな教え方や考え方を紹介し、その意味を理論的な背景と照らし合わせながら考えます。

 ## やってみましょう

新しい方法を体験する

活動を考えたり、授業設計を行ってみたり、そこで扱われることの意味を考えながら自分の現場に合わせてやってみます。

 ## 整理しましょう

さまざまな方法を整理し、理解する

ここまでに考えたこと、学んだことをもう一度整理して、その目的や意味を再確認し、今後の授業に生かしていけるようにします。

3．各課題

【質問】や《課題》は、次の2点を重視しています。

ほかの人の教え方や新しい方法を知る

◎グループやクラスで教授法を学んでいる場合：

ほかのメンバーや教師とのディスカッションを通して、ほかの人の考え方や解決方法を知り理解します。協働学習をお勧めします。

◎独りで教授法を学んでいる場合：

まず自分で考えてから、解答例を参考にもう一度考えてみてください。できれば、積極的に同僚やまわりの人の意見も聞くようにするとよいでしょう。

自分の教育現場への適用を考える

授業設計や教え方を知識として理解するのではなく、常に自分自身の教育現場に当てはめて考え、どのように実際の教育現場で実現させるかを考えるようにしましょう。

目次

1 初級で身に付けさせたい能力 …………………………… 2
- 1-1. 初級の学習者ができること ……………………… 2
- 1-2. 初級段階で教えること ……………………… 4
- 1-3. 学習目標を立てる ……………………… 8

2 コミュニケーション能力を育てる授業 …………… 12
- 2-1. 授業の流れ ……………………… 12
- 2-2. 導入で行う活動 ……………………… 14
- 2-3. 基本練習で行う活動 ……………………… 19
  - (1) 文型練習
  - (2) 意味を考えてする基本練習
- 2-4. 応用練習で行う活動 ……………………… 28

3 授業設計 …………………………… 38
- 3-1. 授業設計の手順 ……………………… 38
- 3-2. 教科書の分析 ……………………… 40
  - (1) 学習項目の整理と分析
  - (2) 課の構成と本文や練習問題などの分析
- 3-3. 学習目標の設定 ……………………… 46
  - (1) 課の学習目標
  - (2) 1回の授業の学習内容と学習目標の設定
- 3-4. 教案の作成 ……………………… 50
- 3-5. 授業実践と授業評価 ……………………… 52
  - (1) 教師としての目標と評価
  - (2) 授業中のフィードバック
  - (3) 授業後の評価
  - コラム JF日本語教育スタンダードに基づいた教材

解答・解説編 …………………………………… 60

【参考文献】 …………………………………… 77

 初級で身に付けさせたい能力

1-1. 初級の学習者ができること

　聞いたことも習ったこともない外国語でコミュニケーションすることはできません。外国語でコミュニケーションができるようになるために、何をどのように学んでいったらよいか考えていきましょう。

 ふり返りましょう

【質問1】

1）みなさんは初めて日本語を学習する人に教えた経験がありますか。最初の授業で何を教えましたか。

2）みなさんが初めて外国語（日本語が母語でない人は日本語）を学習したときのことを思い出してください。学習しはじめたころ、難しかったのはどのようなことでしたか。

 考えましょう

【質問2】

日本語を学習しはじめたばかりの学習者が、日本語で自己紹介することになりました。自己紹介ができるようになるために、何が必要ですか。単語や表現などの知らなければならないこと（知識）と、できなければならないこと（技能）にわけて考えてみてください。

知識	技能
例）単語（学生、会社員、……） 　　表現（はじめまして、……）	例）発音（日本語の50音、アクセント、……）

日本語が使えるようになるためには、言語の知識がたくさん必要です。また日本語の発音ができる、日本語の文字が書けるといった言語の技能の習得も必要です。たとえば、私たちは「はな」というひらがなを見たとき、すぐに「花」か「鼻」を思い浮かべますし、スムーズに発音できます。意味を理解することも発音すること（音声化）もすぐにできます。「はな」ということばを習得しているからです。しかし、日本語を習いはじめたばかりの学習者の場合はどうでしょうか。意味の理解にも音声化にも時間がかかるのではないでしょうか。

　日本語を習いはじめたばかりの学習者は、まず、単語、文法、文字などの言語の知識を学習しなければなりません。たとえば、英語でflowerと言っている物が日本語では「花」と言うことを知る必要があります。また、知識だけでなく、花を見たら自動的に「はな」と発音できる、そして、「はな」というひらがなを見てすぐに読んで意味がわかるという技能も必要でしょう。日本語の知識と技能を身に付けなければ、コミュニケーションができるようになりません。

【質問3】

下のa.～l.を読んでください。初級の学習者について書いてある文はどれだと考えますか。クラスで勉強している人は、お互いに自分の考えを話してみましょう。

a. 自分の名前や仕事、住んでいる場所などを言うことができる。
b. 外国人の話す日本語に慣れていない人にもわかる発音で話すことができる。
c. ひらがなが読める。
d. 料理の作り方が説明できる。
e. 電車の車内アナウンスが理解できる。
f. 動詞のテ形が正しく作れる。
g. 家から学校までの行き方を聞いたり話したりすることができる。
h. 新聞のテレビ番組表を見て、見たい番組の放送時間とチャンネルがわかる。
i. 1000ぐらいの語を知っている。
j. ふだんの一日の生活について、手紙で知らせることができる。
k. これまでの学習時間は300時間である。
l. 日本語能力試験N4に合格した。

初級の学習者といっても、学習しはじめたばかりの人と3カ月ぐらい学習した人とでは、知っていることやできることに違いがあります。また、国や地域、教育機関（学校）などによっても、初級のイメージは違っているでしょう。この本では、学習しはじめたばかりの段階から、身近な話題について会話をしたり、あまり複雑でない短い文章を読んだり書いたりすることができるようなレベルまでを初級と考えます。初級の後半は、日常的な話題や場面なら日本人と大きな問題なくコミュニケーションができるようになるレベルと考えます。

1-2. 初級段階で教えること

 ふり返りましょう

【質問4】
みなさんが日本語を教えている機関（学校）の初級クラスでは、どのようなことを教えていますか。下の項目でチェックしてください。

□発音　　　□ひらがな　　□カタカナ　　□漢字
□語彙　　　□文法・文型　□会話　　　　□作文
□聴解　　　□読解　　　　□日本文化・日本事情
□その他（　　　　　　　　　　　　　　　　　）

教える内容は、文字や文型のような言語の知識もあれば、日本についての知識もあるでしょう。また、会話や読解のような技能もあります。みなさんの学校では、どのようなことに重点を置いていますか。

 考えましょう

コミュニケーション能力を身に付けるためには、言語や日本に関する知識、4技能（聞く・話す・読む・書く）だけでなく、ほかにも学んでほしいことがあります。カナール（Canale 1983）はコミュニケーション能力に4つの領域（**文法能力、社会言語能力、談話能力、ストラテジー能力**）があると言っています。言語に関する知識や4技能は、その中の文法能力になりますが、文法能力だけでは、外国語でス

ムーズにコミュニケーションができるようにはなりません。相手によって話題を選んだり、使うことばを変えたりすること（社会言語能力）が必要です。また、場面に合わせてことばの意味を適切に理解できることや、伝えたいことを相手にわかりやすく伝えるために話の流れを考えること（談話能力）も大事です。そして、うまく表現できないときにどのようにしたらよいのかを知っていること（ストラテジー能力）も重要なのです。

【質問5】

学習者がコミュニケーション能力を身に付けることができるように、下のa.～f.についても教えるとよいでしょう。この中に、みなさんが教えているものがありますか。教えているものに〇をつけ、どのように教えているかを説明してください。

a. 友だちと話すときと初めて会った人と話すときとで話し方が違うこと。
b. 初めて会った人に年齢を聞いてもよいか。自分の国ではどうか。
c. 電話で話すときの会話の流れは、日本語と母語とで同じかどうか。
d. 「暑いですね」はどんな場面で使うか。言われた人はどのように答えるか。
e. 相手の言っていることがわからないとき、どうするか。
f. 言いたいことばや表現が思い出せないとき、どうするか。

　外国語を学習するときには、言語だけでなくその国の文化について学ぶことも必要です。初級の段階でどのように日本の文化を学ぶことができるでしょうか。次の質問で考えてください。

【質問6】

日本人の家庭でホームステイをする初級レベルの学習者に、次の会話を教えます。教えるとき、どのようなことに気をつけますか。

＜金子さんの家の玄関で＞
ヤン：こんにちは。
金子：いらっしゃい。どうぞお上がりください。
ヤン：失礼します。

『日本語教育通信』第55号「授業のヒント」（国際交流基金）を利用

```
╔═══════════════════════════════════════════════════╗
  ＜ヒント＞
  ・日本の家の構造を見せて「お上がりください」の意味を伝えますか。
  ・「玄関で靴をぬぐ」などのマナーも教えますか。
╚═══════════════════════════════════════════════════╝
```

　日本語を学習してコミュニケーションできるようになるためには、日本人の考え方や生活習慣などの文化に関する知識が必要になることも多いでしょう。また、日本語を学習することを通して、日本の文化と自分の国の文化を比べてお互いの文化をより深く知ることを目標にすることも考えられます。

 整理しましょう

　初級で何をどこまで教えたらよいかを考えるために、広く知られている能力基準をみてみましょう。次の（A）と（B）の資料を見てください。

（A）日本語能力試験（旧試験）出題基準

　日本語能力試験（旧試験）は「文字・語彙」「聴解」「読解・文法」の3類、レベルは4段階（1～4級）にわけられている。表1に示したように各級に基準となる語彙や文型の項目数が決められ、具体的な語彙や文型などのリストがある。

表1　日本語能力試験（旧試験）出題基準

	語数	漢字数	文法	
			文法事項	表現意図等
3級：初級修了程度	1532	284	28項目	81項目
4級：初級前半修了程度	821	103	32項目	24項目

＊3級の項目の中に4級項目がすべて含まれる。

国際交流基金・日本国際教育支援協会『日本語能力試験出題基準〔改訂版〕』（凡人社）を利用

※日本語能力試験は2010年から新しく変わり、2009年までの試験を「旧試験」と呼んでいます。
　現在の日本語能力試験のレベル認定の目安は、https://www.jlpt.jp/about/levelsummary.html を見てください。

（B）Common European Framework of Reference for Languages: Learning, teaching, assessment（CEFR：外国語の学習、教授、評価のためのヨーロッパ共通参照枠）

　この参照枠は、ヨーロッパにおいて外国語教育のシラバス、カリキュラム、教科書、試験の作成時および学習者の能力評価時に共通の基準となるものである。言語学習者が言語をコミュニケーションのために使用するためには何を学ぶ必要があるか、効果的に行動できるようになるためには、どんな知識と技能を身に付ければよいかを総合的に記述するものだと説明されている。

表2　基礎段階の能力記述文

基礎段階の言語使用者	A2	ごく基本的な個人的な情報や、買い物、近所、仕事など、日常的なやりとりでよく使われる文や表現が理解できる。 簡単で日常的な話題なら、身近な事がらについての情報が交換できる。 自分の背景や身の回りの状況や、自分にとって必要なことを簡単なことばで説明できる。
	A1	よく使われる日常的表現と基本的な言い回しは、理解し、用いることができる。 自分や他人を紹介することができ、どこに住んでいるか、だれと知り合いか、持ち物などの個人的な情報について、質問したり、答えたりできる。 もし、相手がゆっくり、はっきりと話して、助けてくれるなら簡単なやりとりをすることができる。

＊この参照枠には基礎段階の言語使用者（A1、A2）、自立した言語使用者（B1、B2）、熟達した言語使用者（C1、C2）の6段階がある。

吉島茂他『外国語教育Ⅱ－外国語の学習、教授、評価のためのヨーロッパ共通参照枠－』（朝日出版社）、ヨーロッパ日本語教師会・国際交流基金『日本語教育国別事情調査　ヨーロッパにおける日本語教育とCommon European Framework of Reference for Languages』（国際交流基金）を利用

【質問7】
次の文は（A）と（B）のどちらについて書いたものですか。A、Bを入れてください。また、どちらにも書かれていないものには✗を入れてください。

（　）語彙や文型などの学習する項目の量がわかる
（　）外国語でコミュニケーションをすることを能力基準と考えている
（　）文化の知識や能力についての基準がある

　みなさんの国や地域にも、（A）や（B）のような外国語能力の基準を示したものがありますか。もしあれば、（A）（B）との共通点や相違点を探したり、コミュニケーション、言語の知識や技能、文化理解について、どのような目標が書いてあるかを確認したりするとよいでしょう。

1-3.　学習目標を立てる

 ふり返りましょう

【質問8】
みなさんが教えている教育機関（学校）の初級コースについて、答えてください。コース終了時の到達目標は何ですか。
・国や地域、あるいは教育機関（学校）に初級コースのシラバスやガイドラインがありますか。ある場合は、どのような目標が書いてあるか調べてみましょう。
・シラバスやガイドラインがない場合、到達目標は何を基準にすることができますか。

 考えましょう

　到達目標としてどのようなものが考えられているかを、具体的な資料で比べてみましょう。

【質問9】

次の（A）と（B）を見てください。（A）はある教育機関の初級コースの到達目標、（B）は中国の中等教育段階における日本語教育の到達目標です。目標にあげられているものを、コミュニケーションに関する目標、言語の知識に関する目標、言語の技能（4技能）に関する目標、その他の目標にわけてみてください。

（A）カールトン大学（カナダ）応用言語学部日本語科「学習時間に応じ到達度を明記したカリキュラム」2005年より

到達目標：（学習時間約50時間）
- ごく日常的なあいさつことばや自己紹介を聞いて理解できる。
- ごく日常的な内容の単文、6～8行程のひらがな・カタカナ混じり文を読んで理解できる。
- 数字・標識・メニューなどに見られる漢字30字程度の意味が認識できる。
- 単語または決まり文句を使用して単語レベルまたは一問一答の会話が1分間程できる。
- ひらがなとカタカナを使って、非常に身近な内容の単文を4～5文書ける。
- 日本の基本的なあいさつやおじぎの仕方、名刺交換の仕方を知る。
- 日本のさまざまな店についての情報を得ることができる。

東・プリクリル陽子作成

（B）中華人民共和国教育部制定「全日制義務教育日本語課程標準（実験稿）」2001年より

一級段階の目標（注：1年次の目標）
- 教師の指導のもとでゲームができる。簡単な日本語の歌を歌うことができる。
- 日本語で簡単な会話ができる。日常生活・学習用品・住居・学校等について話すことができる。別れ・お礼・おわび等、もっとも基本的で日常的なあいさつの表現方法を身に付ける。
- 単語を書くことができる。イラストやヒントをもとにして、簡単な文を書くことができる。
- 日本語学習の中で触れた文化的背景に対して興味を持つ。進んで異国文化を理解する。
- わからないときには自発的に質問し、自分に合った学習方法について考えられる。

国際交流基金日本語国際センター「日本語翻訳版」を利用
https://www.jpf.go.jp/j/project/japanese/survey/area/country/syllabus/pdf/sy_honyaku_4china.pdf

コース全体の目標の立て方は、国や教育機関（学校）によって違うことがわかります。【質問8】でみなさんが答えたことと、(A)(B)にも違いがあると思います。

 整理しましょう

【質問10】
この章で学んだことをもとに、みなさんが教えている初級コースについてもう一度ふり返ってみましょう。コース終了時の到達目標として、学習者にどのような知識や技能を身に付けてほしいと考えていますか。次の4つの点について考えてみてください。

- コミュニケーションに関する目標
- 言語の知識に関する目標
- 言語の技能に関する目標
- その他（文化理解に関する目標など）

　1章では、初級の学習者がコミュニケーション能力を身に付けるために、どのようなことが目標として考えられるか、どのようなことを学習したらよいかを見てきました。
　コース全体の大きな到達目標を考えましたが、それを達成するためには、たとえば、教科書の1課ごとに、あるいは1回の授業ごとに学習目標を立てて計画することが重要です。そして、その目標を達成するためには学習者がどのように新しいことばを習得していくかを考える必要があります。そこで次の2章では、学習者がことばをどのように習得していくかを考えた授業の流れを示し、段階に応じた活動を紹介します。最後の3章では、具体的に授業の設計をして、実際に模擬授業などでやってみます。

MEMO

 コミュニケーション能力を育てる授業

初級の段階では、学習者の言語の知識の量がまだ少ないので、これを増やすことがまずは必要です。そして、その知識を技能と結びつけてコミュニケーションできるようにするための練習も必要です。2章では、言語の知識として文型を取り上げて、文型をどのように授業であつかい、コミュニケーション能力に結びつけるのかを考えます。

2-1. 授業の流れ

 ふり返りましょう

【質問11】
あなたの外国語の学習を思い出してください。ある文型や表現を勉強して、それを使ってコミュニケーションできるようになるのに、どのような過程（プロセス）があったでしょうか。たとえば、「Vてください」の文型、または、基本的な指示や依頼の表現についてどうだったか、考えてみてください。

 ＜ヒント＞
・理解しなければならなかったことは何か。
・覚えなければならなかったことは何か。
・覚えたら使えるようになっていたか。

 考えましょう

人がある言語形式（文型など）を学習し、実際に使えるようになる（習得する）ためには、簡単に示すと次のようなことを順番にしています。

1. ある言語形式がどのような意味を表すのかがわかる（理解する）。

2．その言語形式の意味、文法規則、使い方などを覚える。
3．覚えた知識を、実際の場面で流ちょうに使えるようになる*。
   *「流ちょうに使う」は、覚えたものをゆっくり思い出しながら使うのではなく、思い出す時間をかけずになめらかに言ったり書いたりできるという意味です。

このプロセスを授業の流れに当てはめると、次のようになります。

図1：授業の流れ

```
導入    ：学習項目の形と意味を理解する**                          わかる
 ↓
基本練習：(1) 学習項目の形を正しく言ったり書いたり
 ↓          できるように練習する
         (2) 学習項目の形を、意味と結びつけて正しく              覚える
             言ったり書いたりできるように練習する

応用練習：実際のコミュニケーションでの使い方を練習する            使える
```

**「学習項目」とは、それぞれの授業で新しく学習するもののことです。この章では、学習項目は語彙や文型などの言語の知識を指すことにします。また、「形」とは言語形式のことで、音声や文字で表されるもののことを指します。

　実際のコミュニケーションでは、さまざまな状況の中でことばを聞いたり読んだりしながら、その場で意味を理解し反応しなければなりません。となりに教師がいて、どのように言えばよいのか教えてくれるわけではありません。実際の場面で役に立つコミュニケーション能力を身に付けるためには、図1に示したような授業の流れを考えた授業を組み立てるとともに、学習者が自分で主体的に意味を理解したり、何をどのように言うか考えて表現したりする活動を教室の中で行いましょう。これから具体的な活動について考えていきます。

2-2. 導入で行う活動

 ふり返りましょう

【質問12】

1) みなさんは、新しい文型を導入するとき、どのような方法で行っていますか。次の中で、みなさんが使っている方法に○をつけてください。○を2つ以上つけた人は、それぞれ具体的にどの文型を導入するときに使うか答えてください。

    a. 黒板に文型を書いて、意味や使い方（規則）を説明する。
    b. 文型をそれが使われる場面や状況といっしょに提示する。
    c. モデルとなる会話文を提示して、文型を説明する。
    d. 教師が学習者と日常的な会話をしながら、会話の中で文型を提示する。
    e. 絵や写真、ビデオ、音声教材などを使う。
    f. 動作や実物を使う。
    g. 学習者に、文型の意味や文法の規則を推測させる。

2) a.～g.のそれぞれの導入で、学習者は「形」と「意味」のどちらにより注目すると思いますか。文型によって異なる場合は、それについても話し合ってみましょう。

 考えましょう

【質問13】

次の（A）と（B）は、「Vています」の導入の例です。【質問12】のa.～g.のどの方法を使っていますか。

導入（A）「Vています」の導入

1)「Vています」と黒板に書く。
2)「Vて」が動詞のテ形であることを学習者の母語で説明する。
3)「Vています」に「動作の継続」「現在の習慣」「動作の結果の継続」の3つの使い方があることを学習者の母語で説明する。
4)「Vています」の3つの使い方の例文を、それぞれ黒板に書く。
5) 学習者に例文を声に出して読ませて、例文の意味を母語で確認する。

導入（B）「Vています」の導入

1) ①の絵カードを使って、動詞（マス形）が正しく言えるか確認する。
2) ②のイラストを見せ、イラストの生徒たちの名前と様子をよく見るように言う。

『新日本語の基礎Ｉ準拠　新絵教材』
（スリーエーネットワーク）を利用

3) 学習者に「アルンさんはどの人ですか。アルンさんは何をしていますか」と聞く。学習者に、考えたり自由に答えたりする時間を与えてから「アルンさんは本を読んでいます」と何回か言う。
4) イラストのほかの生徒についても同じ質問をし、「Vています」の文を教師が言う。これをくり返す。
5) 学習者に「本を読んでいます。だれですか」と聞く。「アルンさん」と答えられたら、「歌を歌っています。だれですか」など、イラストのほかの生徒について聞く。

【質問 14】

学習者の立場から、導入（A）と（B）のそれぞれについて、次の点を考えてみましょう。

1）学習者はどのようなことに注目すると思いますか。

2）学習者は、文型の意味をどうやって理解しますか。

3）それぞれの長所と短所を答えてください。

【質問 15】

導入（B）の手順1)で、教師はなぜ、動詞のマス形が言えるかを確認しますか。

　導入（A）（B）のどちらかがよりよい教え方というわけではありません。それぞれ、学習者のタイプ、かけられる時間、教師が重要だと考えていることによって変わります。（A）は文法知識を、（B）は使い方を重視していると考えられます。また、（A）は新しい文型を文字で示し、（B）は音声で示しています。（A）は黒板に書いてあるので学習者は文型の形がすぐに確認でき、意味は教師の説明によって理解します。一方、（B）は、教師の発話（言ったこと）を聞いて何が新しい文型かを学習者が自分で見つける必要があります。意味も学習者に推測させています。そうすることによって、学習者は受身ではなくより主体的に授業に参加できます。

　学習者が推測して自分で気づくことは、言語学習にとって重要です。自分で気づいたことは記憶に残りやすく、また、「わかった」という達成感を持つことができます。さらに、このような場面や状況から意味を推測するということは、実際の外国語でのコミュニケーションにも役に立ちます。たとえば、日本に行ったら、周りから入ってくることばは知らないものばかりなので、場面や状況からことばの意味を推測しなければコミュニケーションがうまくできないでしょう。

【質問 16】

次の（C）の導入も、学習者に意味や文法の規則を推測させる方法を使っています。

1）ここで学習者が推測するのはどのようなことですか。

2）手順1）で、「山の絵」「大きい絵」などの例を出すのはなぜですか。

3）手順1）で、学習者のかいた絵を見せることに、どのような効果がありますか。知らない人がかいた絵の場合と比べてどうですか。

導入（C）「V＋N（名詞修飾）」の導入

1) 学習者の1人がかいた絵を見せながら、「どんな絵ですか」と聞き、学習者から出てきたことばを使って、名詞を修飾する文を黒板に書く。名詞修飾の部分に例のように印をつける。

　　例) これは 山の え です
　　　　これは 大きい え です
　　　　これは きれいな え です

2) この絵をだれがかいたか聞き、例のように言ってそれを何回かくり返す。黒板にその文を書き、下線と印をつける。

　　例) マリエラさんは え を かきました
　　　　これは マリエラさんがかいた え です

3) 同じような文を言い、同じように黒板に書いていく。

　　例) T：これはおみやげです。私は京都でおみやげを買いました。
　　　（板書）これは わたしがきょうとで買った おみやげ です
　　　　T：これは時計です。父に時計をもらいました。
　　　（板書）これは 父にもらった とけい です

4) 学習者に例のような文を与え、名詞修飾の文で言わせてみる。

　　例) T：これはケーキです。私はきのう、ケーキを作りました。
　　　　S：これは私がきのう作ったケーキです。
　　　　T：これは写真です。田中先生は写真をとりました。
　　　　S：これは田中先生がとった写真です。

5) 次に、名詞の前が「Vる」「Vている」などの例をあげ、修飾する名詞の前の形や助詞にどんなルールがあるか学習者に聞く。

　　　　　　　　　　　　　　　　　　　　T：教師　S：学習者

　学習者が自分で意味を推測したり、ルール（規則）を見つけられるようにするために、教師は、視覚教材などを利用して場面や状況を提示した上で、十分な量の例を見せたり聞かせたりします。そして、それと同時に、既習項目（もう学習したこ

と）と関連づけたり、気づかせたい部分に下線を引いたりして目立たせる工夫を行うとよいでしょう。

　また、導入のときに、学習者に興味を持たせ、「おもしろそうだ」「わかるようになりたい」「自分にもできそうだ」「やってみたい」といった気持ちを持たせると、効果的な学習につながります。できるだけ、学習者の興味を引くような工夫も必要になってきます。

【質問17】

教師が導入の仕方を工夫しても、学習者はよくわかっていなかったり、まちがって理解したりすることがあるので、教師は、学習者が正しく理解したかどうか確認する必要があります。上の（A）～（C）の教え方で、理解の確認を行っているのはそれぞれどの部分ですか。

 整理しましょう

　文型の導入にはさまざまな方法があります。どの方法を選ぶかは、学習者や学習時間によって、あるいは、文型によって、それまでに何を学んでいるかによって違ってきます。また、形に注目させたいのか、意味や使い方に注目させたいのか、場面が重要なのかなどによって、使いやすい方法とそうでないものがあります。学習者に何を学習させたいのかを意識して、その文型のためにもっともよいと思う導入方法を教師が考えます。

　導入を行うときには、次の点に注意するとよいでしょう。ほかにも注意したほうがよいと思うことがあれば書き加えてください。

```
＜導入のポイント＞
□学習者に興味を持たせる。
□学習者に考えさせ、気づかせる。
□文型をそれが使われる場面や状況の中で示す。
□前に学習したこと（既習項目）と関連づける。
□学習者が文型の形と意味を正しく理解しているか確認する。
□（　　　　　　　　　　　　　　　　　　　　　　　）
```

2-3. 基本練習で行う活動

ふり返りましょう

【質問 18】
みなさんは、学習項目の文型を正しく言ったり書いたりできるようにするために、どのような練習や活動をしたことがありますか。できるだけ多くの例をあげてください。

例）文型を何度もくり返し言ったり書いたりする。
　　その文型が含まれている会話を聞く。

(1) 文型練習

初級では、新しく学習する語彙や文型などを、何度もくり返し言ったり書いたりするような練習をすることがあります。その方法の1つとして、教師の指示にしたがって、語や文を次々と声に出して言う（発話する）「パターンプラクティス」という練習方法があります。

次の a.～d. は、パターンプラクティスで行う練習の例です。

a. 反復練習：教師が言ったことばを同じように言う練習。 例）T：飲みます 　　S：飲みます 　　T：食べます 　　S：食べます 　　T：読みます 　　S：読みます	**b. 代入練習**：文の中の単語を入れ替えて文を言う練習。入れ替える部分が2ヵ所ある場合もある。 例）T：コーヒーを飲みます。ジュース 　　S：ジュースを飲みます 　　T：ミルク 　　S：ミルクを飲みます 　　T：紅茶 　　S：紅茶を飲みます
c. 変換練習：活用形などを覚えるために、教師が与えたことばを決められた形に変えて言う練習。 例）T：飲みます 　　S：飲みません 　　T：食べます 　　S：食べません 　　T：読みます 　　S：読みません	**d. 応答練習**：質問と答えの形式になっている練習。 例）T：毎朝、コーヒーを飲みますか。はい 　　S：はい、飲みます 　　T：毎朝、パンを食べますか。いいえ 　　S：いいえ、食べません 　　T：毎朝、新聞を読みますか。はい 　　S：はい、読みます

学習者に文などを言わせるために与える指示のことを「キュー」といいます。キューは教師が口で言うもの以外に、絵パネルや文字カード、身ぶり（動作）などが使われます。

 考えましょう

【質問19】
キューに、絵パネルを使う場合と、文字カードを使う場合とで、どのような違いがありますか。

【質問20】
パターンプラクティスの長所と短所は何ですか。また、短所はどのようにして補うことができますか。話し合ってください。

　パターンプラクティスは主に「言う」練習ですが、文型練習には、書く技能を用いた練習、聞く技能に重点を置いた練習もあります。書いたほうがきちんと確認できる、書いたほうが覚えやすいという学習者もいますし、文字を読んだり書いたりする力をつける基礎になるので、必要に応じて書く文型練習をしてもよいでしょう。また、文型や文のレベルでの聞く練習を取り入れると、日本語の音声を正確に聞き取ったり、聞いて意味をすぐに理解したりする力をつけることができるでしょう。

 やってみましょう

《課題1》
みなさんが使っている教科書や教材の中に、書く技能、聞く技能を用いた文型練習がありますか。もし、みなさんの使っている教材になかったら、それ以外の教材から探してみましょう。

 考えましょう

【質問21】

文型練習で、学習者が正しく言えなかったり書けなかったりしたとき、みなさんはどのように直しますか。

　文型練習の段階では、学習項目を正しく言ったり書いたりできるようにすることが重要なので、形と発音に注意を払い、まちがいがあれば直します。また、それと同時に、正しくできた場合は、正しくできたことを学習者に伝えることも重要です。

 やってみましょう

《課題2》
文型練習はたいていの教科書にあります。教科書の練習が少ない場合は、同じ形式の練習を足すとよいでしょう。次の（A）と（B）は教科書にある練習の例です。それぞれ、続けて行える練習を3つ追加してください。そのとき、意味が不自然な文やあまり使わないような文を作らせないように注意しましょう。

基本練習（A）文型：「V（辞書形／否定形）とき、〜」

　例：新聞を　読みます・めがねを　かけます
　→　新聞を　読む　とき、めがねを　かけます。
　1）散歩します・いつも　カメラを　持って　行きます　→
　2）漢字が　わかりません・この　辞書を　使います　→
　3）現金が　ありません・カードで　買い物します　→

　　　　　　　　『みんなの日本語初級I』第23課（スリーエーネットワーク）を利用

基本練習（B）文型：「形容詞＋形容詞」「形容詞＋が、形容詞」

　例1）A：ハワイのパイナップルはどうでしたか。
　　　　B：安くておいしかったです。
　例2）A：ホテルはどうでしたか。
　　　　B：きれいでしたが、駅から遠かったです。
　1．ハワイのパイナップル／甘かったです／おいしかったです

2．ホテルの部屋／静かでした／きれいでした
3．駅のそばのレストラン／安かったです／あまりおいしくありませんでした
4．ホテルの部屋／静かでした／せまかったです

文化外国語専門学校『新文化初級日本語Ⅰ』第8課（凡人社）を利用

　これらの練習は、読んで書く練習として使うことができますし、口頭で行えば、パターンプラクティスにもなります。

《課題3》
みなさんが使っている教科書にも文型練習がありますか。文型練習になるものを探してください。そして、上と同じように練習を加えてみましょう。

 整理しましょう

　文型練習を行うときは、次の点に注意するとよいでしょう。ほかにもあれば書き加えてください。

```
＜文型練習のポイント＞
□形の正しさを重視する。
□不自然な文、あまり使わないような文を練習しない。
□あきないような工夫をする。
□4技能のバランスを考える。
□（                                    ）
```

(2) 意味を考えてする基本練習
　ここまで教師の指示にしたがって機械的に答える練習を見てきました。このような練習は正しい形を覚え、言える（書ける）ようになるための練習といえます。しかし、日本語でコミュニケーションができるようになるためには、自分が伝えたいことを自分で表現してみる練習が必要です。

考えましょう

【質問 22】
次の（C）の練習では、学習者が教師の指示にしたがって機械的に答えるのではなく、学習者が自分で言いたい内容を考え、答えるようにしています。学習者はどのようなことを考えて答えますか。

基本練習（C -1）文型：「～が好きです」

T ： 何が好きですか。（絵を見せる） S1： りんごが好きです。 T ： S2 さん、何が好きですか。（絵を見せる） S2： バナナが好きです。 T ： S3 さん、くだものは何が好きですか。 （絵を見せない） S3： いちごが好きです。	

基本練習（C -2）文型：「Vたらどうですか」

T ： 頭が痛いです。
S1： 薬を飲んだらどうですか。
S2： 休んだらどうですか。
S3： 帰ったらどうですか。
T ： 暑いですね。
S4： 窓を開けたらどうですか。

　この練習のように、学習者が言う（書く）内容を決める自由があることを「**選択権**」があるといいます。この選択権という用語は、内容を決める自由があることと、どのように表現するか言語形式を選ぶ自由があることの両方に使われます。実際のコミュニケーションは、このように話し手（書き手）がこれから自分で言う（書く）ことを考え、その表現方法を決めています。

【質問 23】
次の（D）の活動には選択権がありますか。また、パターンプラクティスなどの文型練習とどのような点が違いますか。

基本練習（D）文型：「〜の〜にあります」

「どこにありますか」

1) ペアを作り、1人にAのシート、もう1人にBのシートを渡す。シートはお互いに見せ合わないようにする。

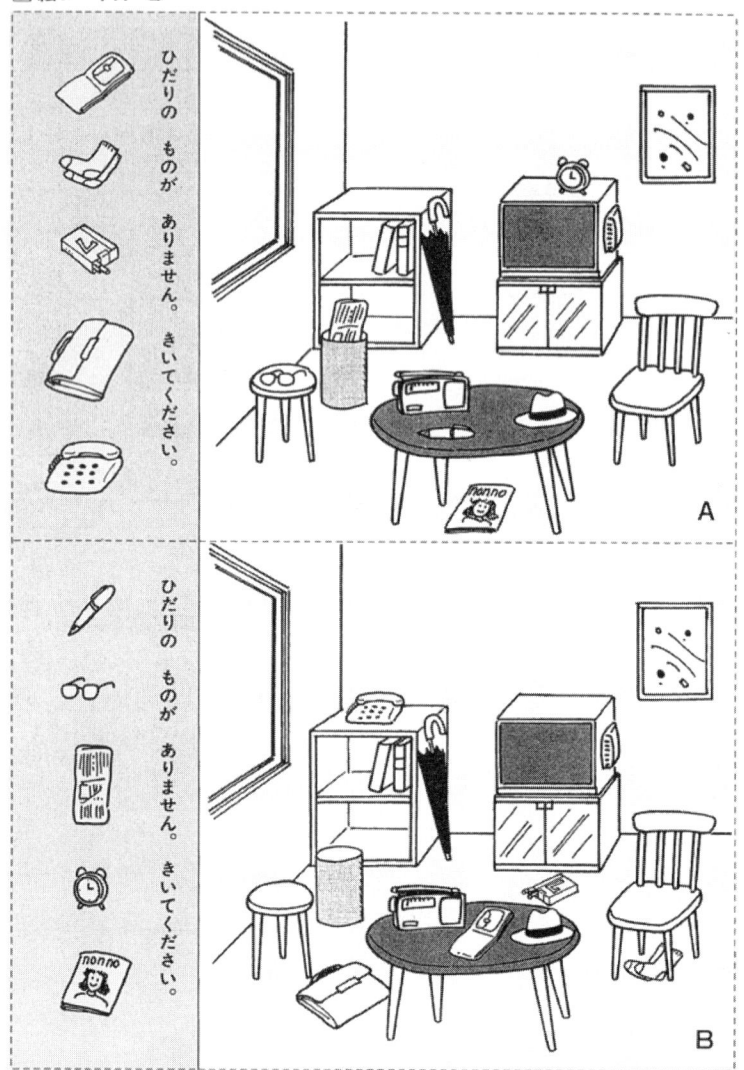

2) それぞれのシートの左側にある物が、どこにあるのかわからないので、相手に聞く。

例) A:さいふはどこにありますか。

　　B:ラジオの横にあります。

3) 探している物の場所がわかったら、そこに絵をかき入れる。

4) クラスで答えを確認する。

ＣＡＧの会『日本語コミュニケーションゲーム80』7（The Japan Times）を利用

実際のコミュニケーションでは、話すことや書くことに何か目的があります。上の（D）のように、自分の知らない情報を相手が持っていて、それを知るために質問するということは、実際のコミュニケーションでよくあることです。このように、話し手と聞き手（または書き手と読み手）との間に、知っていることや意見、考えに違いがあることを「**情報差（インフォメーションギャップ）**」があるといいます。情報差を利用した活動をすると、学習者に日本語を使う目的を与え、自分で意味を考えて文を言ったり聞いたりさせることができます。

【質問24】
次の（E）と（F）の活動には、どのような「選択権」「情報差」がありますか。

基本練習（E）文型：「Vました」

> 「テレビを見ましたか」
> 1) 学習者はノートに、自分が先週の日曜日にしたことを3つ書く。
>   例）Aのノート　わたしは　日よう日に　せんたくを　しました。
>   　　　　　　　わたしは　日よう日に　えいがを　見ました。
>   　　　　　　　わたしは　日よう日に　買いものを　しました。
> 2) ペアになって、お互いにペアの相手に自分と同じことをしたかどうか、例のように質問する。質問された学習者は、自分のことを答える。
>   例）A：Bさんは、日曜日にせんたくをしましたか。
>   　　B：はい、しました。Aさんは日曜日に公園へ行きましたか。
>   　　A：いいえ、行きませんでした。Bさんは日曜日に映画を見ましたか。
>   　　B：いいえ、見ませんでした。……
> 3) 質問した学習者は、「はい」の答えのときは〇、「いいえ」の答えのときは×を自分の文の横に書く。
> 4) 相手についての報告文をノートに書く。
>   例）Aのノート　Bさんは、日よう日に　せんたくを　しました。
>   　　　　　　　えいがを　見ませんでした。買いものを　しました。
> 5) 相手のことをほかの学習者に報告する。
>
> 『教科書を作ろう（改訂版）れんしゅう編1』5-2（国際交流基金）を利用

基本練習（F）文型：「Vたり、Vたりします」

「ここは何をする所？」

1) ヒントの出し方と答え方のルールを説明する。

　ヒントの出し方：「ここでVたり、Vたりします」を使って言う。

　答え方のルール：

1　ヒントを出す人が言い終わるまで、答えてはいけない。

2　答えがわかったら、手を上げること。

3　同時に手が上がった場合はじゃんけんをして勝った人が答える。

　質問例：

　　A：ここで食べたり、飲んだりします。

　　B：レストランですか。

　　A：はい、そうです。レストランです。

2) 学習者にカードを1枚ずつ配り、ヒントを考えさせる。

3) 1人ずつヒントを言い、ほかの学習者はそれを聞いて当てる。

4) 当たった人はそのカードをもらう。いちばん多くもらった人が勝ち。

＜カードの例＞

レストラン、公園、学校、図書館、郵便局、海、銀行、駅、ホテルのロビー、ホテルの受付

高橋美和子、平井悦子、三輪さち子『クラス活動集101』第19課（スリーエーネットワーク）を利用

（D）～（F）の活動は、学習者どうしの活動が中心になっています。一般的に、学習者どうしの活動は学習者の発話の機会が増え、練習の量が増えます。

【質問25】

学習者どうしで活動することの長所として、ほかにどのようなことが考えられますか。また、短所としてどのようなことが考えられますか。

　学習者どうしの活動では、学習者の活動内容（学習項目が正しく使えたか、活動が最後までできたか）を確認することが必要です。活動中に教師が学習者の様子を

観察する、活動後に学習者に活動の結果を報告させたり、学習者の代表に活動(の過程)をもう一度実演させたりする、などの方法が考えられます。そして、うまく練習できていればそれを認め、まちがいを見つけたらそれを直すようにします。また、活動内容の確認は教師だけがすればよいのではなく、学習者が自分たちで確認できるようにすることも重要です。たとえば、(E)の活動の5)の部分では、学習者どうしで活動が正しくできたか確認ができます。

 やってみましょう

(D)～(F)のほかにも、学習者どうしでできる基本練習や、言語ゲームを使った練習はたくさんあります。話すだけでなく、書いたり読んだりする技能を使う活動もあります。そのような活動は、教室活動集として出版されているものや、「みんなの教材サイト」(https://www.kyozai.jpf.go.jp/)などのウェブサイトで探すことができます。

《課題4》
教室活動集やウェブサイトから基本練習として使える活動を探し、紹介し合いましょう。

教室活動集などで紹介されている活動は、自分のクラスでやってみる前に、学習していない語彙がないか、場面や状況が学習者の興味やニーズと合っているかを確認してください。そして、必要があれば、自分の学習者に合わせて変えるようにしましょう。

 整理しましょう

基本練習では、新しく学習した文型を使って、意味のある文を正しく作れるように練習します。はじめは教師が中心となって機械的な文型練習を十分に行い、形を正しく覚えるようにします。そして、学習者が「覚える」から「使える」へ無理なく進むように、基本練習の後半では、実際のコミュニケーションに近づけた活動、つまり、学習者が目的を持って自分で意味を考えて文を言ったり聞いたり、読んだ

り書いたりするような活動を行いましょう。

　基本練習を行うときには、次の点に注意するとよいでしょう。ほかにもあれば書き加えてください。

＜基本練習のポイント＞
□正しい文が作れるようにする。
□さまざまな練習を段階的に行う（だんだん実際のコミュニケーションに近づける）。
　・決められたことを言う(選択権がない)→自分で考えて言う(選択権がある)
　・情報差がない→情報差がある
　・教師が中心→学習者どうし
□4技能のバランスを考える。
□（　　　　　　　　　　　　　　　　　　　　　　　　　　　　　　　）

　（D）～（F）の活動には選択権や情報差があります。その点から、これらの活動をコミュニケーションの練習と考えて、応用練習に分類することもあります。しかし、（D）～（F）の活動は、何のためにその活動をするのかを考えたとき、言語学習以外の目的がはっきりしません。また、これらの活動は1つ1つの文が作れればできるような活動で、実際のコミュニケーションのように、適当な表現を使って会話を始めたり終わらせたり、相手の反応によって自分の発話を変えたりする練習にはなりません。この本では、実際のコミュニケーションにより近い現実的な目的や場面がある活動を応用練習と考え、（D）～（F）のような活動は「意味を考えてする基本練習」としました。

2-4. 応用練習で行う活動

　ここまで学習者が新しい文型を覚え、自分の伝えたいことをその文型を使って文にし、表現をする練習を見てきました。次の応用練習の段階では、学習者にとって身近で、将来出会うかもしれないような実際のコミュニケーション場面を設定し、覚えた文型などを使いながら、現実的な目的を達成するような練習を行います。

 ふり返りましょう

【質問26】
「Vないでください」という文型は、実際のコミュニケーションではどのような場面で使いますか。日常的によくある例を具体的にあげてみましょう。

 考えましょう

【質問27】
次の会話（a）は、ある教科書にのっているものです。学習する文型は「Vないでください」「Vなければなりません」です。

1) この会話の場面はどこですか。会話をする人の関係（役割）は何ですか。

2) 学習する文型が使われている部分に線を引いてください。だれがどの文型を使って話していますか。

会話（a）「どうしましたか」

医者：どうしましたか。

松本：きのうからのどが痛くて、熱も少しあります。

医者：そうですか。ちょっと口を開けてください。

医者：かぜですね。ゆっくり休んでください。

松本：あのう、あしたから東京へ出張しなければなりません。

医者：じゃ、薬を飲んで、きょうは早く寝てください。

松本：はい。

医者：それから今晩はおふろに入らないでください。

松本：はい、わかりました。

医者：じゃ、お大事に。

松本：どうもありがとうございました。

『みんなの日本語初級I』第17課（スリーエーネットワーク）を利用

この会話は病院での医者と患者のやりとりです。体の具合が悪くなって病院に行くと、どこがどのように悪いのか説明したり、医者の指示を聞いて自分が何をしたらよいのか何をしてはいけないのかを理解することが必要になります。そのほかに事情などがあればそれを説明することもあるでしょう。病院では、（a）の会話のように医者が「Vないでください」の文型を使って指示をしたり、患者が「Vなければなりません」の文型を使って自分の事情を説明したりすることがあります。

　「Vないでください」「Vなければなりません」の文型を学習するときには、たとえば（a）のような実際の会話場面で文型を使う練習を行い、「医者の指示を聞いて理解できる」「自分の事情を説明できる」といった能力を身に付けさせるようにします。

　しかし、この会話文をそのまま覚える（暗記する）練習だけでは、実際に病気になって病院に行ってもうまくコミュニケーションができないかもしれません。病気の状態や医者からの指示は、会話文のとおりとは限らないからです。では、どのように練習すればよいでしょうか。

【質問28】

（a）の会話を練習するときに、文字は見せないで次のようなイラストを見せながら会話文を聞かせたり、ある程度覚えた後に、イラストだけを見せながら会話を練習させたりする方法があります。このようなイラストを使うとどのような効果があると考えられますか。

第17課　会話　どう　しましたか

会話の場面や内容などがわかるイラストを使うと、言いたい内容をどう表現するか考えて発話する練習になり、暗記に比べて実際のコミュニケーションに近い活動になります。

【質問29】
イラストを使う活動以外に、会話（a）を使ってどのような応用練習ができますか。より実際のコミュニケーションに近い、選択権や情報差のある活動を考えてください。

会話を練習する方法の１つにロールプレイがあります。（a）の会話文をもとに、次のようなロールカード（役割や状況、指示が書いてあるカード）を作ることができるでしょう。

応用練習（A）ロールプレイ

A

あなたは病気になったので病院に行きました。
①症状（体のどこがどのように悪いのか）を言ってください。
②あなたは明日から出張があります。そのことを話してください。
③最後にお礼を言ってください。

B

あなたは病院の医者です。
①患者の症状（体のどこがどのように悪いのか）を聞いてください。
②診察して（患者の体をみて）、かぜだと伝えてください。
③どうすればいいか話してください。

基本練習のすぐ次に、このロールプレイをすることは難しいですが、（a）の会話をよく練習した後では、スムーズにすることができるでしょう。

このロールプレイは、病院の場面の会話です。病院での会話には、だいたい次のような流れがあります。まず、医者が患者にどこが悪いのかを質問し、患者がそれに答えます。そして、医者が患者に指示をしたり、患者が自分の事情を説明したり

します。最後は、患者がお礼を言って診察室を出ます。応用練習では、このように、会話をどのように始めて、どのように続け、どのように終わらせるのか（談話能力）という会話の流れを考えて練習できるとよいでしょう。

やってみましょう

《課題5》

1）次の（b）の会話文をもとにして、応用練習の方法を考えてください。クラスで勉強している人は、2、3人のグループで考えて発表し合いましょう。

2）その練習を通してどのようなコミュニケーション上の目標が達成できますか。

＜ヒント＞

コミュニケーション上の目標の例
・人を誘うことができる。

会話（b）「いっしょに行きませんか」

文型：「〜ませんか」「〜ましょう」「〜で〜があります（行事）」

> 加藤：スミスさん、今週の土曜日に浅草でお祭りがあります。いっしょに行きませんか。
>
> スミス：いいですね。行きましょう。何で行きましょうか。
>
> 加藤：地下鉄で行きませんか。
>
> スミス：そうしましょう。どこで会いましょうか。
>
> 加藤：浅草駅の改札口で会いませんか。
>
> スミス：はい。何時に会いましょうか。
>
> 加藤：10時はどうですか。
>
> スミス：10時ですね。じゃ、土曜日に。

（社）国際日本語普及協会（AJALT）『Japanese for Busy People I』
Revised 3rd Edition, Kana Version, Lesson 15（講談社インターナショナル）を修正利用

考えましょう

　教科書に適当な会話文がない場合は、ほかの教材を参考にするなどして教師が会話文を作り、練習することも考えられます。また、活動集などにあるさまざまな活動を取り入れることもできるでしょう。

【質問30】

みなさんの授業に次の（B）の活動を取り入れるなら、みなさんが使っている教科書の何課でできますか。みなさんの学習者に合わせて、変えたい部分がありますか。また、この活動を通して達成できるコミュニケーション上の目標は何ですか。

応用練習（B）活動「駅はどこですか」
文型：「を（経路）」「Vてください」

1) ＜モデル会話＞にある行き方をたずねたり教えたりするときの表現を確認する。
2) 学習者はペアになって、それぞれAまたはBの地図を持つ。
3) 地図の上に書いてある、わからない場所への行き方をペアの相手にたずねる。相手は行き方を教える。
4) 3)でたずねた人は場所がわかったら、その名前を地図に書き込む。
5) 役割を交替する。
6) 全部の場所がわかったら、お互いに地図を見せて確認する。

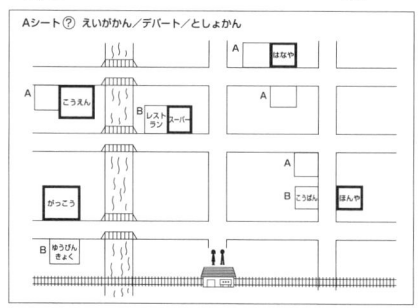

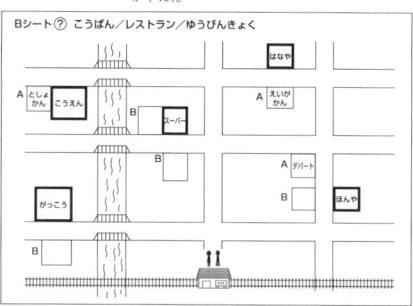

＜モデル会話＞

A：すみません、デパートは　どこですか。

B：デパートですか。まっすぐ　行って　ください。二つ目の
　　かどを　みぎに　まがって　ください。

A：二つ目の　かどを　みぎですね。

> B：はい。それから、まっすぐ 行って ください。デパートは
>   一つ目のかどに あります。
> A：一つ目のかどですね。どうも ありがとうございました。
> B：いいえ、どういたしまして。
>
> 『教科書を作ろう(改訂版)れんしゅう編1』7-7（国際交流基金）を利用

【質問31】

学習者どうしで活動をしているときに、学習者のまちがいに気がついたらどうしますか。みなさんは次のどれに近いですか。

a. その場で正しく直させる
b. 活動の後に正しい表現を伝える
c. ほかの学習者にも同じまちがいがあったら、全体の活動の後に正しい表現を伝える
d. その他

【質問32】

実際のコミュニケーション場面では、会話だけでなくそれ以外の技能も使っています。次の（C）の活動で、学習者はどのような技能を使いますか。

応用練習（C）活動「旅行に行きましょう」
文型：「VたりVたりします」

> 1) ＜モデルテキスト＞とポスターを見て、内容を確認する。観光ポスターやパンフレットにはどのようなことが書かれているか、また旅行の行き先を決める条件としてどのようなものがあるか話し合う（母語などでもよい）。
> 2) 4、5人のグループで自分たちの国、地域の紹介したい観光地や名所を決める。
> 3) グループで観光案内のポスターと紹介文を作る。教師は必要な語彙を与える。まだ学習していない語彙は母語などで書いてもよいことにする。
> 4) ポスターと紹介文を教室の壁にはって、お互いが作ったポスターと紹介文を読む。どのポスターがいちばんよいか、または、どこに行きたいか話し合う。

<モデルテキスト>

　もうすぐ 春です。こだま山へ さくらを見に 行きませんか。

　こだま山の あお空こうえんに さくらが 300本ぐらい あります。きれいな さくらを 見たり おいしい 食べものを 食べたり しませんか。4月1日から 5日まで さくらまつりが あります。

　ちかくに あさひおんせんも あります。

『教科書を作ろう（改訂版）れんしゅう編1』7-4（国際交流基金）を利用

　応用練習は、実際のコミュニケーションでの使い方を練習するのですから、教室の外に出て一般の日本人と会話をしたり、日本語を使って調査して報告したりするといった活動をすることもできるでしょう。しかし、海外で日本語を学習する場合は、実際に使われる日本語に触れる機会は少なく、このような活動をするのは難しいかもしれません。海外でできるものとして、たとえば、次のような活動があります。

①日本人を教室に招いてインタビューをする。
②日本で実際に使われている雑誌や広告、ビデオなどを見る。
③インターネットで日本語のウェブサイトを見たり、日本語でホームページを作る。

　初級の段階では、実際に使われている日本語をすべて理解することは困難です。特に①の日本人にインタビューする活動では、質問を前もって準備しておいたり、日本人のことばがよくわからないときにどのように対応するのかを練習しておいたりするとよいでしょう。前もって質問を準備することは、どのような話題が適当か、どのように話せば失礼にならないか（社会文化能力）、どのように話を進めればよいのか（談話能力）を考える機会になります。また、相手のことばがよくわからないときに、聞き返したり別のことばで言い換えてもらったりすることをたのむ（ストラテジー能力）表現は、日本人と直接話すときだけでなく、教室内での日本語のコミュニケーションにも役立ちます。

　②の日本語のビデオや雑誌などを見るときは、すべてを理解させようとしないで、わかるものだけ（たとえば語彙や表現、映像から読み取れるもの）を聞き取らせる（読み取らせる）ようにするとよいでしょう。また、③の日本語のウェブサイトを見るときは、次にあげるような、ページにふりがなをつけるツールや辞書のツールを使

うようにすると、理解を助けるだけでなく、学習者が自分で日本語の情報を得る力を身に付けさせることにもなります。
- ふりがなをつけるツールの例：ひらひらのひらがなめがね　https://www.hiragana.jp/
- 辞書のツールの例：POP辞書　https://www.popjisyo.com/

【質問33】
みなさんの学習者には、実際に日本語を使う環境が身近にありますか。上の①〜③の中で、やってみたことのある活動がありますか。ほかにどのような活動ができますか。初級のレベルでどのような活動ができるか、話し合ってみましょう。

整理しましょう

　応用練習では、実際のコミュニケーションにできるだけ近い場面や状況を設定し、その中で学習する文型を使う練習をします。あつかう場面や役割、課題（タスク）が現実のものに近いという点と、活動の過程で、学習者が目的を持ってコミュニケーションを行い、コミュニケーションの流れにそって自分で伝える内容と表現を考えるという点が重要です。そして、学習者どうしの活動を通して、学習者が自分の力で（主体的に）コミュニケーションを達成できるような能力を身に付けさせることも大切だと言えるでしょう。

　応用練習を行うときには、次の点に注意するとよいでしょう。ほかにもあれば書き加えてください。

```
＜応用練習のポイント＞
□実際のコミュニケーションにできるだけ近い練習をする。
　・学習者にとって身近で、将来出会いそうな場面、役割、タスクを使う。
　・会話の流れ（談話）を考えて練習する。
　・選択権、情報差のある活動を行う。
　・学習者どうしの活動を行う。
□コミュニケーション上の目標が達成できる。
□学習者が主体的に活動に参加する。
□4技能のバランスを考える。
□（　　　　　　　　　　　　　　　　　　　　　　　　）
```

3 授業設計

　授業設計とは、どのように授業をしたらよいかを考えて準備をすることです。具体的には、授業の目標を設定し、学習内容を決め、教材を分析し、授業の流れを考え、評価の方法を考えます。この章では、みなさんが教えているクラスのための授業設計をしてみます。なお、学習者の学習成果をはかるテストなどの評価方法はこの巻ではあつかいません。

　教科書の1つの課を取り上げ、コミュニケーション能力を育てることを目標にし、学習者の言語習得のプロセスに合わせた授業の流れを具体的に考えていくことにしましょう。初級の教科書を1冊準備してください。みなさんが使っている教科書でも、これから使ってみたいと思っているものでもかまいません。その教科書の中から授業計画を立ててみたいと思う課を選んでください。

　クラスで勉強している場合、3人ぐらいのグループになって考えるとよいでしょう。また、同じ教科書の同じ課を選ぶと、グループ間でさまざまなアイディア交換ができるでしょう。

3-1. 授業設計の手順

ふり返りましょう

【質問34】
次の項目の中で、みなさんが授業の前に行っていることはどれですか。また、それを実際にどのようにしているか、話し合ってください。

a. 教科書を調べる
b. 学習者のことを考える
c. コースやカリキュラム全体を考える
d. 授業の目標を考える
e. 導入や練習の方法を考える
f. 教科書以外の教材を選んだり、作ったりする
g. 言語以外に教えること（日本文化や文化理解など）はないか考える
h. その他

考えましょう

学習者が学習しやすい授業をするために、教師はどのような準備をしたらよいでしょうか。教科書の1つの課を教えるための授業設計の手順は、たとえば、図2のようになります。みなさんがふだんしている準備と比べながら、図2を順番に見ていきましょう。

図2　授業設計の手順

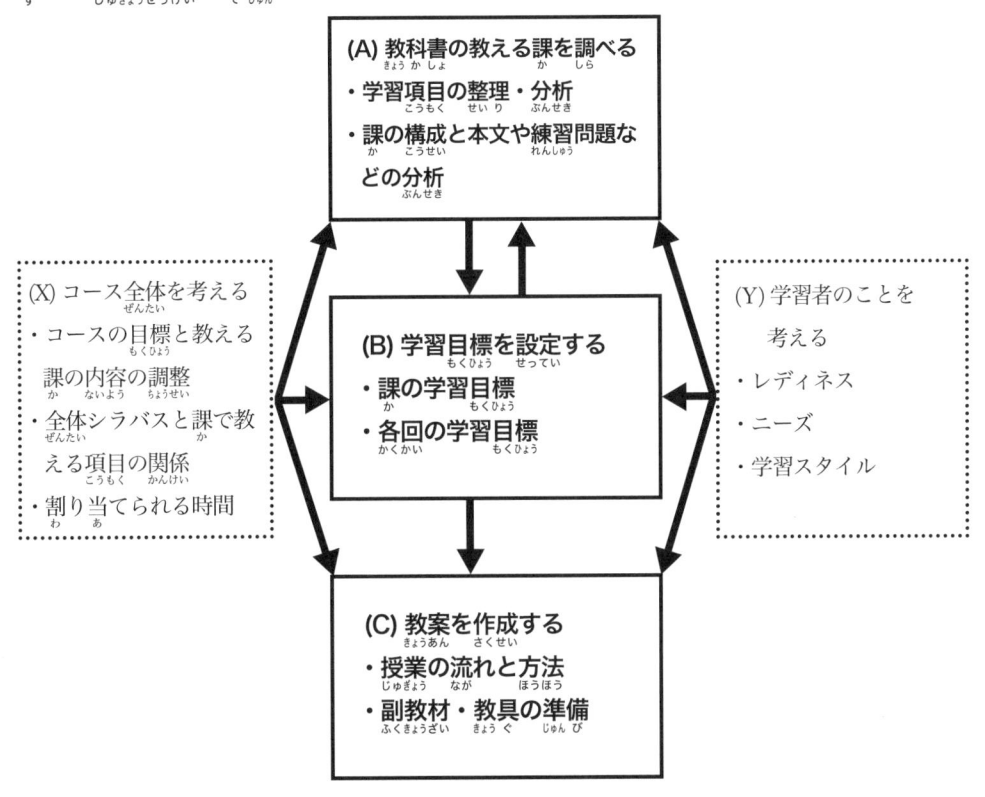

```
(A) 教科書の教える課を調べる
・学習項目の整理・分析
・課の構成と本文や練習問題などの分析

(X) コース全体を考える
・コースの目標と教える課の内容の調整
・全体シラバスと課で教える項目の関係
・割り当てられる時間

(B) 学習目標を設定する
・課の学習目標
・各回の学習目標

(Y) 学習者のことを考える
・レディネス
・ニーズ
・学習スタイル

(C) 教案を作成する
・授業の流れと方法
・副教材・教具の準備
```

　まず、教科書の教える課をくわしく調べて学習目標を設定します。それから具体的にどのように授業をするか、授業の流れと方法を考え教案を書きます。そして、教科書以外に必要な副教材や教具を準備します。図2では、(A)⇄(B)→(C)という流れで示されています。このとき、コース全体の目標やシラバスと教科書の課の内容を比べてみたり、その課を教える時間を確認したりします（X）。また、学習者が何ができるようになっているのか（レディネス）を確認したり、学習者にとって必要な内容や項目（ニーズ）を考えたり、どのような学習の仕方をするのか（学習スタイル）を考えたりして（Y）、学習しにくい項目がないかを予想し、指導法を考えます。

【質問35】
図2の中で、ふだんみなさんがしていることはどれですか。していないことはどれですか。また、なぜそれをしているのか、していないかを考えてください。クラスで勉強している人は、お互いに話し合ってみましょう。

3-2. 教科書の分析

では、図2に示された手順にしたがって、実際に授業設計を実践してみましょう。

まず、みなさんが選んだ教科書の課を分析することから始めます。この巻では、学習項目の整理と分析をした後で、教科書の構成と会話文や練習問題などを分析するという順番で説明します。

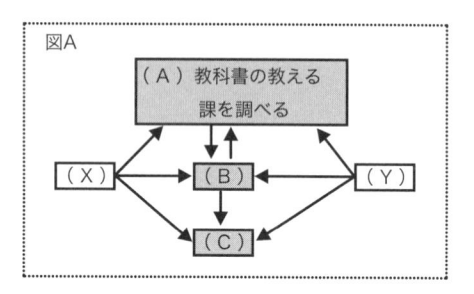

図A

(A) 教科書の教える課を調べる
(X) — (B) — (Y)
(C)

(1) 学習項目の整理と分析

教科書の各課には、新しく学習する単語（語彙）や文型があります。それを抜き出してみましょう。表3は、『みんなの日本語初級Ⅰ』第8課の新しい学習項目をまとめたものです。

表3 『みんなの日本語初級Ⅰ』第8課

語彙	青い、赤い、新しい、いい、忙しい、おいしい、大きい、おもしろい、寒い、白い、高い、楽しい、小さい、冷たい、低い、古い、難しい、易しい、安い、よい、きれい［な］、元気［な］、静か［な］、親切［な］、すてき［な］、にぎやか［な］、ハンサム［な］、暇［な］、有名［な］、あまり、そして、どう、とても、どれ、どんな～、［お］仕事、車、桜、生活、食べ物、所、勉強、寮

文型	1．〜は＜ナ形容詞＞です／じゃありません 2．〜は＜イ形容詞＞です／〜は＜イ形容詞(〜い)＞くないです 3．〜は＜ナ形容詞＞な＜名詞＞です 4．〜は＜イ形容詞＞＜名詞＞です
その他	いいえ、けっこうです。お元気ですか。そうですね。そろそろ失礼します。日本の生活に慣れましたか。またいらっしゃってください。もう一杯いかがですか。〜が、〜。もう〜です［ね］。

『みんなの日本語初級Ⅰ』、『みんなの日本語初級Ⅰ教え方の手引き』（スリーエーネットワーク）を利用

やってみましょう

《課題6》
みなさんが選んだ課で学習する新しい項目は何ですか。表3にならって、語彙と文型にわけて書き出してみてください。語彙と文型以外にも新しい項目がある場合は、その他に書いてください。

教科書名と課：（　　　　　　　　　　　　　　　　　　　　第　　　課）

語彙	
文型	
その他	

　学習項目が書き出せたら、教えるときのことを考えて分析してみましょう。
　たとえば、表3の例では、「ナ形容詞」のうち、最後が「い」の音で終わる「きれい」や「ゆうめい」などは「イ形容詞」の活用形と区別できるように注意しなければなりません。また、「ナ形容詞」の否定形が「〜じゃありません」で提示されていますが、「〜ではありません」の形も教えるかどうかも考えておきましょう。

《課題7》
みなさんが選んだ課の語彙や文型を教えるとき、どのようなことに気をつけなければなりませんか。新しい文型が複数あるときは、それぞれについて、分析してください。

<ヒント>
母語と日本語の文法の違いや、語彙の表す意味の違いがありませんか。母語にない語彙や文型はありませんか。

(2) 課の構成と本文や練習問題などの分析

学習目標を設定したり、学習項目の導入や練習の仕方を考えたりするために、教科書の課の構成を見ておきましょう。（1）の表3で取り上げた『みんなの日本語初級I』の各課は、文型、例文、会話、練習A・B・Cの順番で構成されています。表4は、第8課で学習する文型が教科書の中でどのように出てくるかを表したものです。たとえば、第8課で学習する1.の文型は、文型の1、例文の1・2・5、練習Aの1・2、練習Bの1・2・3・4に出てくることを示しています。

表4 『みんなの日本語初級I』第8課

	文型	例文	会話	練習A	練習B	練習C
1.〜は＜ナ形容詞＞です／じゃありません	1	1・2・5		1・2	1・2・3・4	
2.〜は＜イ形容詞＞です 〜は＜イ形容詞（〜い）＞くないです	2	3・4	○	1・2	1・2・3・4	1
3.〜は＜ナ形容詞＞な＜名詞＞です	3	6		3	5・6・7・8	
4.〜は＜イ形容詞＞＜名詞＞です	4	7		3	5・6・7・8	2・3

『みんなの日本語初級I教え方の手引き』（スリーエーネットワーク）を利用

表4を見ると、新しい文型が教科書にどのように出てくるかがわかり、練習がどのぐらいあるかもわかります。なお、新しい語彙についても、表にまとめるなどして、教師が導入や練習の仕方を考えなければなりません。また、教科書にある会話の部分についてもどのように使うかを考える必要があります。

やってみましょう

《課題8》
みなさんが選んだ課の構成はどのようになっていますか。そして、新しい文型や語彙の練習がどのような順番で出てくるかも分析し、表4のようにまとめてみてください。

ここまで教科書の課の構成がどのようになっているかを分析してみました。次に、実際に教えることを考えて、教科書を構成しているそれぞれの部分についてくわしく分析してみましょう。

1. 本文（会話文や読解文）

多くの教科書には、1つの課の中にその課で学習する項目を使った会話文や、読むための文章（読解文）があります。会話文が、学習者にとって身近な実際の場面を使ったものであれば、コミュニケーションに関する目標が考えやすいでしょう。また、日本の生活や習慣などについて書いてある読解文であれば、新しい学習項目を学習するだけでなく、日本に関する知識を広げることにも使えます。

授業の計画を立てるときには、教科書の会話文や読解文について分析し、授業のどの段階でどのように使うかを考えます。

【質問36】
みなさんが選んだ教科書の課には、その課で学習する項目を使った会話文や読解文がありますか。ある場合は次の質問に答えてください。

1) 1つの課に出てくる会話文や読解文は1つですか。
2) 場面や話題がはっきりわかるものですか。
3) 内容は、学習者にとって興味・関心の持てるものですか。

4) 新しく学習する文型が全部出てきますか。
5) 導入、基本練習、応用練習のどの段階で使えそうですか。
6) 音声教材などを使って、聞かせることができますか。
7) 日本と自分の国の文化を比べてみることができる内容ですか。

2. 例文

　新しい文型を導入するときには、その文型の意味や使い方がよくわかるような例文を示すと効果的です。文型の意味は母語で説明することもできますが、状況や場面を示して学習者に気づかせる方法もあります（2.2参照）。学習者に気づかせるためには、学習者にとって身近な話題や場面を選ぶとよいでしょう。例文の中に使われる語彙を、教科書に出てくるものではなく学習者の身近なものにすることも1つの方法です。また、複数の例文を示すことによって、文の意味に気づかせたり、理解を深めたりすることができます。教科書の例文が少ないときには、補うとよいでしょう。

【質問37】
みなさんが選んだ教科書の課で、新しく学習する文型は何ですか。その文型を示す例文について、以下の3つの点から分析してください。そして、実際に授業することを考え、必要に応じて例文を増やしたり変えたりしてみてください。
1) 1つの文型について、いくつ例文がありますか。
2) 例文は学習者にとって身近に感じられるものですか。
3) 文型を導入するときに、教科書の例文がそのまま使えますか。

3. 語彙

　各課に出てくる新しい語彙は、本文の内容と関係のあるものだったり、文型との結びつきが強いものだったりすると思います。その課を学習して、どのような場面や話題でコミュニケーションができるようになるかを考えると、文型だけでなく語彙の導入や練習も重要だということに気づくでしょう。語彙についても分析してみましょう。

【質問 38】

新しい語彙はいくつありますか。新しい語彙について次の質問に答えてください。そして、語彙の導入と練習の方法を考えてください。

1) その課で学習する新しい語彙が一度に見られるリストがありますか。
2) 新しい語彙を意味でまとめることができますか。
   例) 動作を表す動詞、教室の中にある物の名前、など
3) 教科書の中に語彙の練習がありますか。
4) 新しい語彙は、新しい文型を教えるときに使いますか。
5) 教科書にはないが、学習者に教えたい語彙がありますか。それは何ですか。

4. 練習

学習者が新しい学習項目を使えるようになるためには練習が必要です。教科書の練習問題で十分な練習ができるかどうかを確認しましょう。第2章で紹介した基本練習と応用練習の段階があるかどうか、学習者が十分に練習できるかどうか、確認していきましょう。

【質問 39】

練習問題について、次の質問に答えてください。下の表5のようにまとめてみるとよいでしょう。

1) 練習問題はいくつありますか。各練習問題の問題数はいくつですか。
2) それぞれの練習問題は、どのような学習項目を練習するものですか。
3) 授業の流れのどの段階で使いますか。
4) どの技能を使って練習することができますか。
5) その他

表5　練習問題の分析

番号（問題数）	学習項目	段階	技能	その他
例) 1 (4)	文型1	基本練習（文型練習）	話・聞・読・書	反復練習
			話・聞・読・書	

【質問40】
1つの文型について教科書の練習を見てみましょう。その文型の練習はいくつありますか。練習が複数ある場合、練習の仕方に違いがあるか、練習の順番がどのようになっているかを見てください。

> <ヒント>
> 42ページの表4を見てください。2.の文型は練習A、B、Cと3つの練習問題にくり返し出てきます。

【質問41】
みなさんが選んだ教科書の練習には、第2章で紹介した、文型練習、意味を考えてする基本練習、応用練習に使えるものがありますか。

3-3. 学習目標の設定

教科書の分析ができたら、学習目標を設定します。コミュニケーション能力を育てることを目的にしたコースでは、実際のコミュニケーション場面で学習者に何ができるようになってほしいかを考えて目標を設定します。

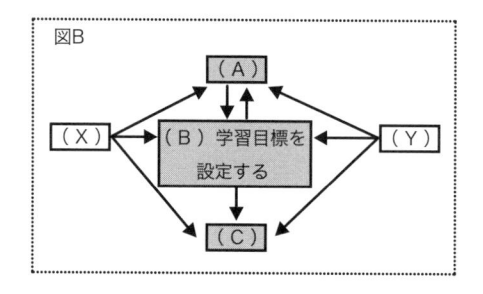

図B

```
        (A)
         ↕
(X) ↔ (B) 学習目標を ↔ (Y)
        設定する
         ↕
        (C)
```

(1) 課の学習目標

まず、1つの課全体の目標を考えます。教科書の分析をしながら目標を考えることができるでしょう。また、教科書の教師用指導書を参考にすることもできます。『みんなの日本語初級Ⅰ』の第8課を例に見てみましょう。『みんなの初級日本語Ⅰ教え方の手引き』には、言語行動目標と会話の目標が次のように書いてあります。

表6　課の学習目標

> 言語行動目標：身の回りの事物の様子、感想が簡単に言える。
> 会話の目標：訪問先で日本人と日本での生活について簡単な話ができる。食事などの勧めに対する断り、辞去（訪問先を出るとき）のあいさつなどができる。
>
> 『みんなの日本語初級Ⅰ教え方の手引き』（スリーエーネットワーク）を利用

「言語行動目標」はその課で学習する語彙や文型を使ってどのようなことが表現できるようになるかという目標です。「会話の目標」は現実の場面を想定してどのような会話ができるようになるかという目標になっています。

どちらの目標も、文末は「……言える」「……できる」で、学習者が何ができるようになるかを表しています。この課は40〜41ページの表3で見たように形容詞を学習する課ですが、「形容詞を覚える」や「形容詞を使った文が言えるようになる」という言語の知識を増やすことを目標とした書き方ではありません。

やってみましょう

初級の学習者は、文型や語彙の知識を増やしながら、だんだんさまざまな場面や話題でコミュニケーションができるようになっていきます。教科書を使って学習している場合、学習する課に出てくる文型や語彙の知識を使って、どのようなコミュニケーションができるかを考えて課の目標を設定することになります。

《課題9》
みなさんが選んだ課の学習目標を考えてみましょう。その課の学習が終わったとき、学習者はどのような知識を得て、何ができるようになっているでしょうか。新しい語彙や文型がどのような話題や場面で使えるか、会話文や練習問題などを参考にして、コミュニケーションに関する目標を考えるとよいでしょう。

コミュニケーションに関する目標	

> ヒント：
> - 目標は１つとは限りません。その課で学習する語彙や文型によって、複数の目標が考えられることがあります。
> - １つの文型がどのような場面で使われるかを考える質問は、第２章にありましたので思い出してください（29ページ【質問26】）。

(2) １回の授業の学習内容と学習目標の設定

教科書の教える課を分析し、学習目標を考えたら、何回の授業で学習するのかを決めます。１つの課を教える授業回数が決まっている場合もあるでしょう。どちらの場合も、１回の授業であつかう学習内容（学習項目と学習の段階）を考え、配分します。

ふり返りましょう

１つの課で教える文型が複数あるとき、大きくわけると次の２つの方法が考えられます。

1) 新しい文型を全部導入してから、基本練習をする。
2) 新しい文型は、１つずつ導入と基本練習をする。

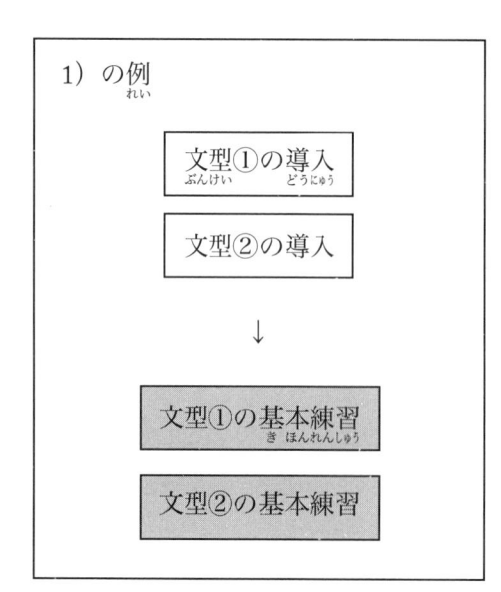

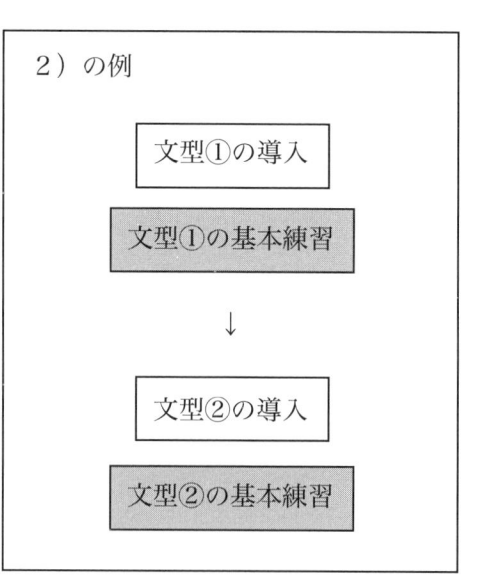

１）の例	２）の例
文型①の導入	文型①の導入
文型②の導入	文型①の基本練習
↓	↓
文型①の基本練習	文型②の導入
文型②の基本練習	文型②の基本練習

その課で学習する文型の種類や新しい語彙との関係、時間の制約によって方法を変えている人もいるでしょう。しかし、学習者に達成感を持たせ、できるだけ多くのコミュニケーション体験（実際にコミュニケーションに近づけた活動）を授業に取り入れるためには、新しい文型を1つずつ導入し練習をする2)のほうが効果的だといえるでしょう。

【質問42】

1つの課を複数回の授業で教えるとき、どのように学習内容を配分していますか。a.～d.の中に、みなさんがしている方法と同じものがありますか。また、配分の仕方はいつも同じですか。

　　a．教科書に出てくる順番通りに教えるのではなく、その課の学習目標の達成を考えて教える順番や時間を考える。
　　b．その課の学習項目が学習者にとって難しいかどうかで、時間配分を考える。
　　c．各回の授業にコミュニケーション体験ができるように学習内容を配分する。
　　d．その他

やってみましょう

《課題10》

みなさんは、選んだ課を何回の授業で教えますか。授業回数に合わせて、新しい学習項目を教える順番や時間を決めましょう。下の表7のようにまとめてみるとよいでしょう。

表7　学習内容の配分例

	学習項目（文型や語彙など）と学習の段階（導入・基本練習・応用練習）
1回 (50分)	①語彙（ナ形容詞とイ形容詞）の導入と基本練習 　（きれい、ハンサム、元気、静か、にぎやか、親切、高い、低い、安い、寒い、暑い、おいしい、まずい、おもしろい、つまらない） 　　＊＿＿＿は追加語彙 ②文型「～は＜ナ形容詞＞です／じゃありません」の導入と基本練習 　文型「～は＜イ形容詞＞です／くないです」の導入と基本練習

2回	①前回の復習 ②疑問詞「どう」の導入と基本練習 ③接続詞「そして」、助詞「が」の導入 ④②と③を使って、「感想や評価を聞く／答える」練習 ⑤文型「〜は＜ナ形容詞＞な＜名詞＞です」の導入と基本練習 ⑥文型「〜は＜イ形容詞＞＜名詞＞です」の導入と基本練習 ⑦疑問詞「どんな」の導入と基本練習 ⑧⑤〜⑦を使って、物や人などの様子を説明する練習
3回	

《課題11》
1回の授業であつかう学習項目と学習の段階（導入、基本練習、応用練習）が決まったら、各回の学習目標を考えてください。《課題9》で考えた課全体の学習目標を達成することができるように考えましょう。

＜ヒント＞

表7で示した例の第1回目は、たとえば、次のような学習目標が考えられます。
・身の回りの物や人について、簡単に説明できる。

3-4. 教案の作成

　授業回数に学習内容を配分し、各回の授業について学習目標を考えました。次に、実際の授業をイメージしながら、授業を設計し、それを教案に書いていきます。

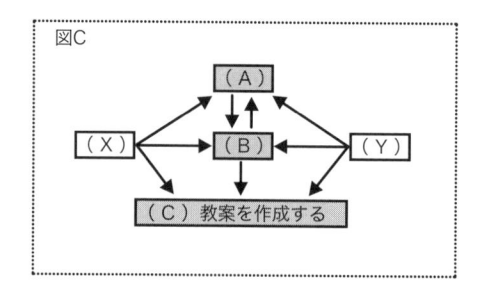

図C

```
      (A)
       ↕
(X) → (B) ← (Y)
       ↓
  (C) 教案を作成する
```

やってみましょう

《課題12》
1回の授業について、授業の流れを考え教案を書いてみましょう。《課題10》で整理した中の1回分を考えてください。教案フォームは58ページにあります。次の点がわかるように教案を書いてください。

- その授業の目標は何か。
- 学習項目は何か。
- 導入、基本練習、応用練習のどの段階か。
- どのような活動をするか。
- それぞれの活動にかける時間はどのぐらいか。
- 教科書以外に使う副教材や教具は何か。
- 学習者は何をするのか、どのように答えると考えられるか。

> **＜ヒント＞**
> 導入、基本練習、応用練習のそれぞれの段階に応じた活動は、第2章を参考にして考えましょう。

《課題13》
書いた教案をチェックしてください。授業の流れのどの段階の授業を計画しましたか。段階に応じて、第2章の18ページ、22ページ、28ページ、37ページにある各段階のポイントを使って計画をチェックしてみましょう。足りない点があったら改善し、教案も直してください。

《課題14》
副教材や教具を準備してください。必要な物が十分にあるかどうかを確認しましょう。また、その副教材や教具を使うときに気をつけることがあったら、それもメモしておきましょう。

> <ヒント>
> ・適切な副教材が見つからないときには、自分で作成することも考えましょう。
> ・絵や写真、音声やビデオなどの視聴覚教材を使うときの注意を考えましょう。

3-5. 授業実践と授業評価

《課題12》《課題13》で作成した教案をもとに、授業をやってみましょう。1）初級のクラスで学習者を対象に授業をする、2）この本で勉強しているクラスで模擬授業をする、のどちらの方法でもかまいません。学習者が学習目標を達成することができるような授業をめざしましょう。

(1) 教師としての目標と評価

やってみましょう

授業をする前に、学習者が十分に学習できるように教師として何をしたらよいか、どのようなことに気をつけたらよいかについても考えてみましょう。

《課題15》
みなさんの授業／模擬授業の目標を立てましょう。学習者が学習目標を達成するために、教師として何に重点を置きますか。重点を置くことを考えて、書き出してみましょう。3つぐらい決めてください。

・
・
・

> <ヒント>
> 目標が達成できたかどうかがわかるように、具体的な目標を立てましょう。

授業／模擬授業をするときの教師としての目標ができました。では、その目標が達成できたかどうかを確認する方法について考えてみましょう。

《課題16》
教師としての目標が達成できたかどうか、どのように確認することができるでしょうか。自分で確認する自己評価と、ほかの人に確認してもらう他者評価があります。みなさんが使える方法を考えてください。

> **＜ヒント＞**
> ・《課題15》で決めた重点が実行できたかどうか、どのように確認しますか。
> ・授業をビデオにとることができますか。
> ・授業後、学習者に授業についての感想や意見を聞くことができますか。

教師としての目標ができたら、それを評価するための評価シートを作りましょう。ほかの人に授業を見てもらえる人は、評価シートに記入してもらってください。授業をビデオにとることができる人は、授業後にビデオを見ながら自分で評価してみてください。

表8　評価シートの例

目標	達成度*
ゲームを使った練習を行い、教師の説明より学習者どうしの活動が多い授業にする。	4　3　2　1
教師の話す量より学習者の話す量を多くする。	4　3　2　1
わかりやすい指示を出し、学習者がスムーズに活動できる。	4　3　2　1

＊達成度：4が高く、1が低い

(2) 授業中のフィードバック

　授業の大きなねらいは、学習者が効果的に日本語を学習することです。そのためには、授業中に教師は学習者をよく見ることが重要です。みなさんは、授業中どのぐらい学習者を見ていますか。学習者の表情や発言、答え方などの反応から、学習者が理解できているか、習得が進んでいるかを判断して、授業の進め方を変えることもあると思います。

　みなさんは、学習者に練習をさせているとき、学習者が適切に答えられたら「いいですね」「はい、そうです」と言ったり、まちがえたときには直させたりしていることと思います。このような学習者の答えや発話に対する反応を教師のフィードバックといいます。教師のフィードバックは、学習者に何ができて何ができていないかを伝えるものとして、とても重要です。

　学習者の誤用訂正については【質問31】を参照ください。

考えましょう

　学習者は、自分の日本語の知識や、日本語で話したり書いたりしたものが正しいかどうかを確かめながら、日本語能力を向上させていきます。学習者が日本語で話したり書いたりしたものに対して、教師が適切にフィードバックすることはとても重要です。海外の学習者の場合、教室以外の場所で日本語を使う機会がほとんどないということも多いでしょう。ですから、学習者が自分ができるようになっていることを確かめる方法は、教師のフィードバックだけということも少なくありません。教師からの適切なフィードバックによって、学習者は自分ができるようになっていることを確認し、次の学習に進んでいくことができます。

　また、教師のフィードバックには、学習者のやる気を引き出す役割もあります。学習者がよくできたときに、「よくできましたね」とほめたり、少し難しいことに取り組んだときに「がんばりましたね」「もう少しですね」と言ってはげましたりすることがあると思います。このような教師のフィードバックは、学習者のやる気を引き出すことができるでしょう。

【質問43】

みなさんがふだんしているフィードバックについて思い出し、次の点について答えてください。

1）学習者がきちんと言えているかどうか、使えているかどうかなどを、どのように調べていますか。
2）学習者のまちがいを直すとき、うまくできたとき、どのようにフィードバックしていますか。
3）学習者のまちがいから、教師が学べることは何ですか。ほとんどの学習者が同じまちがいをする場合や、1人の学習者がいつも同じまちがいをする場合などを考えてみてください。

(3) 授業後の評価

授業が終わったら、授業についてふり返ってみてください。

やってみましょう

《課題17》
次の1）～6）を見てください。みなさんが答えられるものを選んで、授業がどうであったかをふり返ってみてください。クラスで勉強している人は、お互いに話し合ってください。

1）学習者が学習目標を達成することができる授業だったか。
2）自分で決めた目標を達成することができたか。
3）ほかの人の評価と自分の評価は同じだったか。
4）授業が終わった直後と、ビデオを見てからの評価は同じだったか。
5）学習者からどのような感想や意見を聞くことができたか。
6）その他、気づいたことがあるか。

目標が達成できた場合も、十分に達成できなかった場合も、その理由を考えてみてください。そして、十分に達成できなかった場合、どのように改善したらよいかを考えましょう。

整理しましょう

この章では、みなさんが選んだ教科書を使って、課の分析をし、学習目標を立て、

教案を作り、実際に模擬授業／授業をしてもらいました。この本で学んだことを生かして授業をすることができたでしょうか。

《課題18》
授業設計と模擬授業／授業の実施をふり返り、次の点について評価をしてみてください。39ページの図2にある各項目について、何をどのようにするかがわかったか（理解度）と、十分にできたか（達成度）の2点から評価してください。

表9　自己評価

(A) 教科書の教える課を調べる	学習項目の整理と分析	理解度　4　3　2　1 達成度　4　3　2　1
	課の構成と本文や練習問題などの分析	理解度　4　3　2　1 達成度　4　3　2　1
(B) 学習目標を設定する	課の学習目標	理解度　4　3　2　1 達成度　4　3　2　1
	各回の学習目標	理解度　4　3　2　1 達成度　4　3　2　1
(C) 教案を作成する	授業の流れと方法	理解度　4　3　2　1 達成度　4　3　2　1
	副教材・教具の準備	理解度　4　3　2　1 達成度　4　3　2　1

（十分に理解できた／達成できた　←4　3　2　1→　理解できなかった／達成できなかった）

　《課題18》は、この本で学んだことについて自己評価をする課題です。自己評価は、評価して終わりなのではなく、次の課題を見つけることに役立てるようにしましょう。十分にできたことと改善が必要なことを確認し、次に何をすればよいのかを考えることが重要です。また、クラスで勉強している人は、この本を使っていっしょに勉強しているほかの人や、指導をしている教師の評価と、自己評価を比べて

しょう。評価の観点の違いや多様なものの見方に触れることができるからです。授業で教えたクラスの学習者から評価をしてもらうことができる場合は、ぜひ、それも参考にしてください。

　自己評価やほかの人からの評価をもとに、自分自身で問題点や課題を見つけ解決方法を考える姿勢を身に付けるようにしましょう。その姿勢が成長しつづける「自己研修型教師」につながります。

　初級を教えることについて新しく知ったこと、気づいたこと、考えたことを、みなさんの教授活動に生かしてみてください。

教案フォーム　　　　教科書名〔　　　　　　　　　　〕

月　　日（　　）	クラス	第　　課　　コマ目	担当：
学習目標：		学習項目：	

時間 （段階）	活動内容	教材・教具

コラム～ JF日本語教育スタンダードに基づいた教材～

第1章で考えたように、初級で身に付けさせたい能力、コース全体の到達目標、その目標の立て方は、国や教育機関（学校）によって違います。国際交流基金では、7ページで紹介したCEFRの考え方を参考にして、JF日本語教育スタンダードを開発しました。JF日本語教育スタンダードとは、日本語の教え方、学び方、そして学習成果の評価のし方を考えるためのツールです。「相互理解のための日本語」を理念としています。相互理解のためには日本語を使って何がどのようにできるかという「課題遂行能力」と、様々な文化に触れることで視野を広げ他者の文化を理解し尊重する「異文化理解能力」が必要であると考えます。国際交流基金では、この考え方に基づいて、『まるごと　日本のことばと文化』という教材を開発しました。日本語能力のとらえ方、レベル設定、目標設定と評価の方法など、カリキュラムを考えるときの中心部分をJF日本語教育スタンダードに基づいて作成した教材です。そして、日本国外で日本語を外国語として学ぶ成人学習者を主な対象としています。課題遂行能力や異文化理解能力を入門期、初級の段階から身に付ける方法を紹介していますので、参考にしてください。この教材の使い方についての情報は、ウェブサイトで見ることができます。

「JF日本語教育スタンダード」https://www.jfstandard.jpf.go.jp/
「まるごと　日本のことばと文化」https://marugoto.jpf.go.jp/

《解答・解説編》

1 初級で身に付けさせたい能力

1-1. 初級の学習者ができること

■【質問1】(解説)
　学習者が未知のことばをどのように受け止めるかを思い出します。基本的な文法に関する知識や、1つ1つの音の発音、単語の発音、ひらがなの読みと書き、文が言えるようになることなど、知識（知っていること）や技能（できること）が少しずつ増えていくことを思い出します。学習者の母語によって、最初の段階の難しさに違いがあるかもしれません。

■【質問2】(解答例)

知識	技能
単語：わたし、学生、会社員　など	発音：日本語の50音、アクセント　など
表現：はじめまして　どうぞよろしく　など	非言語行動：「どうぞよろしく」というとき、軽く頭を下げることができる
文型：N₁はN₂です　など	

■【質問3】(解説)
　「初級の学習者」というものをどのように考えているかを確認する質問です。クラスで勉強している場合、後に続く質問や課題に答えていくために共通のイメージを作っておいたほうがよいでしょう。
　料理の作り方（d）や一日の生活（j）は、ごく簡単な説明なら初級の学習者でもできます。しかし、くわしく説明できるようになるのは中級以上の学習者でしょう。また、会話能力をはかる試験として知られているACTFLのOPIの基準では、外国人の話す日本語に慣れていない日本人にもわかる発音（b）は上級と判断されますが、発音指導を重視する場合は初級の学習者にもわかりやすい発音で話すように指導するでしょう。新聞のテレビ番組表（h）は、学習者が日本で生活しているのか海外で学習しているのか、

漢字圏か非漢字圏か、などによって、初級の学習者になったり中級以上の学習者になったりするのではないでしょうか。

また、この質問を通して、初級レベルの学習者の能力がどのように説明されるか、説明の仕方の違いについても確認してほしいと思います。

- 「～することができる」という書き方で学習者の課題遂行能力（ことばを使って実生活での目的が達成できる能力）を判断基準としている→ a．d．e．g．h．j．
- 日本語に関する知識を判断基準としている→ c．f．i．
- その他→ b．k．l．

1-2. 初級段階で教えること

■【質問4】（略）

■【質問5】（解説）

a．～f．は、以下の能力を説明するものです。

a．b．→ 社会言語能力、c．d．→談話能力、e．f．→ストラテジー能力

■【質問6】（解説）

日本語学習に文化理解も必要です。ここにあげた例は、以下のウェブサイトでも見ることができます。https://www.jpf.go.jp/j/project/japanese/teach/tsushin/

■【質問7】（解答・解説）

（A）語彙や文型などの学習する項目の量がわかる

（B）日本語でコミュニケーションをすることを能力基準と考えている

（×）日本文化の知識や能力についての基準がある

能力基準を示すものとして、ほかに以下のようなものが知られています。

- ACTFL（The American Council on the Teaching of Foreign Languages）の Proficiency Guidelines 2012　https://www.actfl.org/educator-resources/actfl-proficiency-guidelines/japanese
- 各国、各地域のガイドラインやシラバスなど

日本語教育シラバス・ガイドライン一覧（国際交流基金・日本語教育国・地域別情報）のウェブサイトで見ることができます。

https://www.jpf.go.jp/j/project/japanese/survey/area/country/syllabus/

1-3. 学習目標を立てる

■【質問8】（解説）

シラバスやガイドラインがない場合、到達目標を考えるための基準になるものとして、使用教科書、日本語能力試験や国で実施している外国語能力試験、学習者の学習目的、などが考えられます。また、国・地域によっては、CEFR（外国語の学習、教授、評価のためのヨーロッパ共通参照枠）を基準としている場合もあります。

■【質問9】（解説・解答例）

言語の知識がなければ、技能を使うことはできません。また、言語の知識と技能がなければコミュニケーションはできません。ですから、たとえば、コミュニケーションに関する目標は、同時に言語の知識と技能の目標になると考えることもできます。

（A）

- ごく日常的なあいさつことばや自己紹介を聞いて理解できる。（コミュニケーション、知識、技能）
- ごく日常的な内容の単文、6〜8行程のひらがな・カタカナ混じり文を読んで理解できる。（知識、技能）
- 数字・標識・メニューなどに見られる漢字30字程度の意味が認識できる。（知識、技能）
- 単語または決まり文句を使用して単語レベルまたは一問一答の会話が1分間程できる。（知識、技能）
- ひらがな・カタカナを使って、非常に身近な内容の単文を4〜5行書ける。（知識、技能）
- 日本の基本的なあいさつやおじぎの仕方、名刺交換の仕方を知ると共に、日本の店についての情報を得る。（その他：文化理解）

（B）

- 教師の指導のもとでゲームができる。（その他：学習方法）簡単な日本語の歌を歌うことができる。（技能、その他：文化）
- 日本語で簡単な会話ができる。日常生活・学習用品・住居・学校等について話すことができる。別れ・お礼・おわび等、もっとも基本的で日常的なあいさつの表現方法を身に付ける。（コミュニケーション、知識、技能）
- 単語を書くことができる。イラストやヒントをもとにして、簡単な文を書くことができる。（知識、技能）
- 日本語学習の中で触れた文化的背景に対して興味を持つ。進んで異国文化を理解する。（その他：文化理解）
- わからないときには自発的に質問し、自分に合った学習方法について考えられる。（そ

の他：学習方法）

■【質問10】（略）

2 コミュニケーション能力を育てる授業

2-1. 授業の流れ

■【質問11】（解説）
　この質問を通して、学習したことを使ってコミュニケーションできるようになるためには、文型や語彙を覚えるだけ、あるいは、練習するだけ、といった1つのことをすればよいわけではないことに気づいたと思います。学習者の頭の中でどのようなことが起こっているのか、それを正確に知ることはできませんが、学習者の認知状態（頭の中で何が起こっているか）に注意を向け、その認知の過程に合った教え方をすることが必要です。

2-2. 導入で行う活動

■【質問12】（解説・解答例）
1）この質問を通して、学習項目によって方法を変えていることや、複数の方法を組み合わせて使っていることに気がつくと思います。
2）a. 形　b. 意味　c. 意味　d. 意味　e. 意味（形）　f. 意味　g. 意味・形
　　eのような視聴覚教材は、一般的に意味に注目させますが、教材によっては、形の解説を行っているもの、形に注目させるように作られたものもあります。

■【質問13】（解答例）
　　導入（A）：a　　　導入（B）：b、e、g

■【質問 14】(解答例)

	導入（A）	導入（B）
1)	黒板に書かれたもの、文法の説明、例文の読み方、例文の訳など。	イラストの中の生徒の動作、教師の言う文とその意味など。
2)	教師の母語による説明を聞いて理解する。	教師の発話とイラストから意味を推測し、教師とのやりとりを通して、自分の推測が正しいか確認する。
3)	長所： ・母語を使うので学習者は安心。 ・短時間に多くのことを導入できる。 ・文法を体系的に知識として整理しやすい。 短所： ・学習が受身で、学習者が自ら考える機会が十分に与えられていない。	長所： ・視覚教材の使用によって、学習者の注意を引きやすい。 ・学習項目を何度も聞かせて、学習者が自ら考え気づかせるようにしている。 ・目標言語（日本語）で意味のやりとりをすること自体が、コミュニケーションになっている。 短所： ・媒介語がなく不安に思う学習者がいるかもしれない。 ・時間がかかる。 ・まちがった意味を推測してしまうかもしれない。

■【質問 15】(解答例)

「Vています」を導入するので、前に学習した（既習の）動詞を覚えているか、正しく言えるかを確認します。動詞（マス形）を覚えていなかったら、3) 以降の手順で、「Vています」の意味を推測することができません。

■【質問 16】(解答例)

1) 名詞を修飾する部分（修飾部）は、名詞や形容詞だけでなく、文になることがあること、そして修飾部が文の場合、述部（動詞）は普通形になることを推測させています。

2) 既習の名詞や形容詞による名詞修飾の形を示し、修飾部＋名詞という語順になっていることを思い出させるためです。

3) 学習者にとって身近な人がかいたものであれば、学習者は興味を持ち、注目します。

■【質問17】（解答例・解説）

導入（A）	：5) の部分。母語で確認する。
導入（B）	：5) の部分。学習者が答えられるかどうか、あるいは、どのような態度をとるかで、この文型の意味を理解しているかどうかがわかる。
導入（C）	：4) と 5) の部分。4) では、名詞修飾の文が言えるかどうかで理解が確認できる。5) では、文法のルールや意味（の理解）を確認している。

　導入は、学習者が学習項目の形と意味を理解することが重要です。授業では、学習者が正しく理解していることを必ず確認してください。正しく理解していることが確認できたら、次の基本練習の段階に進みます。

2-3. 基本練習で行う活動

■【質問18】（略）

(1) 文型練習
■【質問19】（解答例・解説）
　絵パネルを使うと、絵にかかれたものを見て、そこから状況と意味を判断して発話しなければなりません。つまり、その場の状況からすぐに意味を判断し、思ったことをすぐに言わなければならない実際の会話に近い練習ができます。また、文字カードは、文字を読ませる練習や、文法規則など形に注目させて練習したいとき、絵でかき表しにくいものをキューとするときに有効です。しかし、学習者は文字だけを見て意味は考えないかもしれないので、使い方に気をつけましょう。

■【質問20】（解答例）

長所	：

・短い時間にたくさんの練習ができる。

・発音の練習になる。

・媒介語を使わずに練習ができる。

・教師の指導方法として、一度やり方を覚えればほかの文法項目へも応用できる。

・大人数のクラスでも一斉に練習ができる。

短所 ：

・同じ練習が続くとつまらない。

・集中力が必要。

・学習者は発話内容や使用場面、形式の選択などを考えないで練習するので、実際の使用（コミュニケーション）に直接結びつかない。

短所を補うために ：

・パターンプラクティスが、あまり長時間にならないようにする。

・テンポよく行い、むだな時間を作らない。

・練習の種類や活動形態*を変えて、適度な変化と緊張感を持たせる。

・頭を使わなくてもできるような機械的な練習だけでなく、意味を考えてする練習や、コミュニケーションに役立つ練習と組み合わせる。

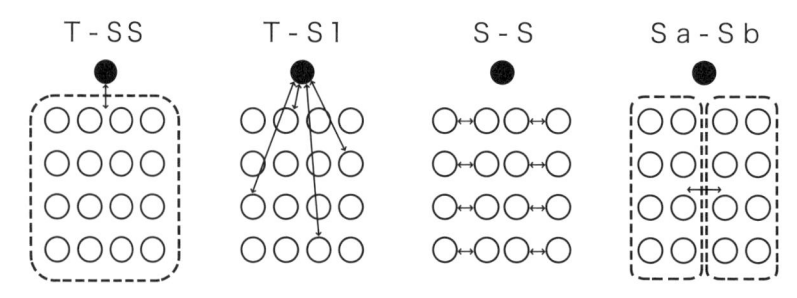

*活動形態には、教師の出すキューにしたがって、クラス全員で声を合わせて発話する形態（T-SS）、学習者1人1人を指名して1人ずつ発話する形態（T-S1、T-S2、T-S3……）、ペアになって発話する形態（S-S）などあります。そのほかに、クラスを2つに分けて行う形態（Sa-Sb）、学習者が質問し、教師が答える形態など、さまざまなものがあります。

T-SS　　T-S1　　S-S　　Sa-Sb

T＝●：教師　S＝○：学習者

■《課題1》（解説）

さまざまな練習方法がありますが、例えば、21ページにある基本練習（A）（B）のような練習をノートに書かせれば書く技能を用いる練習になります。聞く技能を用いた練習については、教師の発話に行動で反応するような練習のほか、市販の教材の中では、『わくわく文法リスニング99』（凡人社）などがあります。

■【質問21】（解答例）

教師がすぐに正しいものを言ったり教えたりする方法だけではなく、聞き返してもう一度言わせたり、一部を教師が言ってその後を学習者に言わせたりするなど、学習者自身にまちがいを気づかせる方法があります。学習者に気づかせると、自分の理解を再確認でき、その後は気をつけるようになります。

■《課題2》《課題3》（解説）

　文型練習では、形にばかり注目してしまい、下の例のように文法規則としては正しくても意味的に不自然な文や、あまり使わない文を作らせてしまうことがあります。文の意味にも気を配るようにしましょう。

＊悪い例：新聞を読みます・ごはんを食べます→　新聞を読むとき、ごはんを食べます。

　また、練習の目的は新しい語彙の導入ではなく文型の練習なので、未習の（まだ学習していない）語彙を練習に入れると、練習の焦点がずれてしまいます。新しい語彙は、文型練習の前に導入し、練習するのが原則です。

(2) 意味を考えてする基本練習

■【質問22】（解答例）

> 基本練習（C-1）

：絵を見て答えるときには、学習者は描かれている複数の果物の中から好きなものを選んで答えます。また、絵がないときは、自分自身のこと（本当に好きな果物）を考えて答えます。

> 基本練習（C-2）

：学習者には、「頭が痛いです」「暑いですね」と相手が言っているという状況が与えられているだけなので、その状況に合った適当な答え（助言）を、自分の経験などに基づいて考え、答えます。

■【質問23】（解答例）

　文型や語彙はほぼ決められているので、選択権はそれほど多くありませんが、位置を示す際の基準となる物を何にするか、どの順で質問するかという点で選択権があります。文型練習と異なるのは、それぞれの発話の目的が明確だということです。絵の中にわからない物があるので、その答えを得るために相手とやりとりをするような状況となっています。また、学習者どうしで行うので、自分たちのペースで進めることができ、聞き返したり、言い直したりすることもできます。全部答えがわかったときの達成感も得ることができます。

■【質問24】（解答例・解説）

	選択権	情報差
E	はじめにノートに書く文は、内容も表現も学習者の自由である。	相手がどのような質問をするのか、相手からどのような答えが返ってくるかわからない。

F	どのようなヒントを出すかは、それぞれの学習者が考える。ヒントに対する答えも、自分で考えて言う。	答えを当てる人は、答えがわからない。また、どのようなヒントが出るかもわからない。ヒントを出す人は、どのような答えが返ってくるかわからない。

　なお、この質問とは直接関係ありませんが、(E)(F)の活動には、コミュニケーションに関して次のような特徴もあります。(E)では、自分自身の本当のことを伝え合っています。(F)では、ヒントを考えて言うことが、適切なことばが思い出せなかったり、知らなかったりしたときに使う「言い換え」のストラテジーの練習にもなっています。

■【質問25】（解答例・解説）

長所
・リラックスして活動できる。
・伝えたい内容と表現を自分で考えて言うことができる。
・会話の流れがある。
・コミュニケーションストラテジーを使う機会が増える。
・実際のコミュニケーションのように、雑音の中での会話ができる。
・自分の学習に主体的に関わる態度を育てることができる。
・学習者どうしで教え合ったり、まちがいを訂正し合ったり、学び合ったりすることができる。
・学習者どうしの関係を良くするきっかけとなる。
・学習者の動機が高まる。

短所
・学習者が正しく活動ができているかどうか、まちがった文を言っていないか教師が確認することが難しい。
・学習者の中に媒介語を使って話す、あまり話をしない、活動に参加しない、教師の確認がないと不安を感じる、ほかの学習者のまちがった発音や文法のまちがいを聞きたくないと言う、といった人がいる場合がある。

　短所を補うために：学習者どうしの活動中は、教師は学習者の間を回り、活動の目的や方法がわからない学習者がいないか、活動が順調に進められているか、まちがいがないかなど、注意深く観察する必要があります。学習者のまちがいについては、その場で直す（訂正する）方法と、活動後に全体の問題として訂正する方法があります。学習者どうしで活動している最中に訂正すると、学習者間のコミュニケーションの流れを止め

てしまったり、学習者のやる気を失わせたり、まちがいを恐れて話さなくなったりするかもしれないので、タイミングと方法に気をつけます。また、学習者どうしでの活動を好まなかったり、慣れていなかったりする学習者がいる場合には、学習者が興味を持ちやすく、わかりやすくて楽しい活動を選ぶ、普段から学習者が自分で考えたり、教え合ったり、自分の学習を自分で管理するような習慣を身に付けさせる、などするとよいでしょう。なお、学習者どうしの活動であらわれるまちがいは、教師が中心に行う活動であらわれるまちがいと差がないこと、学習者どうしの活動ではお互いに訂正し合うことができるということが、多くの研究の結果でわかっています。このような話をして、短所よりも長所のほうが大きいことを説明してもよいでしょう。

■《課題4》(略)

2-4. 応用練習で行う活動

■【質問26】(解説・解答例)
以下の例のように、場面や話し手と聞き手、表現をできるだけ具体的にあげてください。
- テストのとき、教師が生徒に注意事項を話す。(例:辞書を見ないでください)
- 病院で、医者が患者に禁止事項を話す。(例:今日はおふろに入らないでください)
- 電気製品の説明書。(例:水にぬらさないでください)
- 親しくない人にいやなことをされたときに、それをやめるように言う (例:こっちを見ないでください)
- 卒業するときに、学生が教師に言う。(例:わたしのことを忘れないでください)

「Vないでください」は、指示や命令、相手が「Vない」ことが当然なことや負担にならない場合に使う表現です。ていねいな依頼には使わないことに注意してください。

■【質問27】(解答例)
1) 場面:病院(診療所、内科など)、 関係:医者と患者
2)

医者:どうしましたか。

松本:きのうからのどが痛くて、熱も少しあります。

医者:そうですか。ちょっと口を開けてください。

```
医者：かぜですね。ゆっくり休んでください。
松本：あのう、あしたから東京へ出張しなければなりません。
医者：じゃ、薬を飲んで、きょうは早く寝てください。
松本：はい。
医者：それから今晩はおふろに入らないでください。
松本：はい、わかりました。
医者：じゃ、お大事に。
松本：どうもありがとうございました。
```

医者が「Ｖないでください」、患者が「Ｖなければなりません」を使って話しています。

【質問28】（解答例）

　会話文を聞かせるときに、文字ではなくイラストを見せると、状況をイメージしやすくなり、聞いた会話の内容を理解しやすくなります。また、練習のときに使うと、会話の流れを考えながら話したり、伝えたい内容とその表現を考えて言ったりする練習になります。

【質問29】（解説）

　たとえば、「症状、状況、指示などを、自由に決めることができるようにして会話を練習する」「同じ場面の会話を学習者どうしで作って、クラスで発表する」「ロールプレイをする」など、いろいろ考えられると思います。また、「松本さんになったつもりで、その日のできごとを日記に書く」というような活動も考えられるでしょう。

　ロールプレイについて：約束をする、依頼をする、指示をするなど、目標やタスク（課題）が明確な場合はロールプレイに向いていますが、結論や結果が明確でない、あるいは、どこで話を終わらせたらよいかわからないような会話（たとえば、趣味や経験などを話すなど）は、ロールプレイに向いていません。その場合は、ロールプレイ以外の活動を考えるようにしましょう。また、ロールプレイは、選択権が多ければ多いほど、コミュニケーションが交渉を必要とするものであればあるほど難しくなります。学習者のレベルに合わせて調整しましょう。なお、ロールカードは媒介語を使って書いてもかまいません。

　文型以外の学習項目：（ａ）のようなモデル会話は、その場面で使う語彙を増やすため

にも使えます。また、会話の始め方や終わり方、あいさつの表現、病院のシステムの違いなどを学ぶことができます。ここではくわしく取り上げませんが、授業ではこれらの点についても考えるとよいでしょう。

■《課題5》
1）（略）
2）（解答例）
・誘うことができる。誘いを受けることができる。
・交通機関や待ち合わせの時間、場所を約束できる。

■【質問30】（解説）
　　自分が使っている教科書に合わせる場合は、同じような道を聞く場面がある課に合わせる場合と、文型や語彙に合わせる場合とがあります。いずれの場合も、その課の学習項目と異なる語彙や文型が使われていたり、未習のものがあったりするかもしれません。そのときは、モデル会話を変えたり、行き先の場所を変えたりすることが必要になるでしょう。

　　コミュニケーション上の目標は、「目的地までの道を聞き、理解する」「相手が知りたい目的地までの行き方を説明する」となります。

■【質問31】（解説）
　　まちがいの程度や活動のタイプ、学習者の性格などによって直し方は一通りではありませんが、応用練習での評価は、形の正確さよりもコミュニケーションが成立するかどうかのほうを重視します。学習者の活動内容に対する評価は、まず、コミュニケーションができたか、与えられた課題が完成（成功）したかを見て、それができていればそのことを評価します。課題がうまくいかなかった場合は、原因がどこにあったのかを探り、学習者に気づかせることが必要です。形のまちがいについては、課題の完成（成功）に対する評価が終わった後で行います。学習者の活動の観察中に、同じまちがいをいくつも見つけた場合には、活動後に全員に対して指摘してもよいでしょう。学習者に個別に指摘することもありますが、学習者の活動を途中で止めてしまうことなく、活動が一通り終わってからのタイミングで指導するようにします。また、学習者全員の前での報告や、活動の実演で見られたまちがいについては、ほかの学習者にまちがいがなかったかを聞いてみる方法もよいでしょう。

■【質問 32】（解説・解答例）
　この練習で学習者は、「ポスターやパンフレットの紹介文を読んで、内容を理解する」「グループの観光案内のポスターや紹介文について、何を書くかなどを話し合う」「ポスターや紹介文を書く」「ほかのグループのポスターや紹介文を読む」「行きたいところを話し合う」などの活動をします。つまり、「話す」「聞く」「読む」「書く」技能を使います。

■【質問 33】（略）

3 授業設計

3-1. 授業設計の手順

■【質問 34】（略：図2の理解を助けるための質問）

■【質問 35】（解説）
　図2の授業設計の手順を見て、授業の準備に段階があることを理解し、ふだん自分がしている準備と比較してみます。
　図2で授業設計の手順の例を示しました。教科書を使って教えている場合、その教科書に出てくる順番に教えればよいと考えている人がいるかもしれません。しかし、学習者に何をどのように学んでほしいかを考えて、教科書の構成や内容を十分に分析し、教科書をどのように使うかを決め、授業設計をすることが重要です。
　この本では、（A）⇄（B）→（C）の流れを中心にあつかっています。（A）と（B）の間の矢印の向きが双方向になっているのは、教科書の分析が十分にできてから学習目標を設定するとは限らないことを示しています。課の学習目標を設定してから教科書の練習問題をどのように使うかを考えることもあります。

3-2. 教科書の分析

(1) 学習項目の整理と分析
■《課題 6》（解説）
　語彙や文型以外に、表3には会話の中でよく使われる表現があげられています。教科

書によっては、あいづちを打ったり確認のために相手の言ったことをくり返したりする会話の技術に関する項目や、文化理解に関する項目などを学習項目としているものがあるでしょう。また、聴解や読解のような理解に関わる技能を学習項目としている教科書もあると思います。その場合は、それらの項目を「その他」に書いてください。

■《課題7》（解説）
　学習者が新しいことを学ぶ楽しさを持ち続けるために、語彙や文型をわかりやすく教えることが重要です。学習者にとって何が難しいかを考えて準備をするようにしましょう。学習者の母語によって、注意すべき点が違う項目もあります。

(2) 課の構成と本文や練習問題などの分析
■《課題8》（略）

■【質問36】～【質問41】（略）

3-3. 学習目標の設定

(1) 1課の学習目標
■《課題9》（解説）
　「〜することができる」という表現で目標を書きます。この本で紹介した『みんなの日本語初級Ⅰ』以外の初級教科書の教師用指導書を見ると、形容詞を学習する課の目標は次のように書かれています。
・形容詞を述語として使い、事物の簡単な説明ができる。
　　　　　―国際学友会日本語学校『進学する人のための日本語初級　教師用指導書』p.7
・形容詞を使って、物の特徴や様子をたずねたり、話したりできる。
　　　　　―文化外国語専門学校編『新文化初級日本語Ⅰ教師用指導手引き書』p.32

(2) 1回の授業の学習内容と学習目標の設定
■【質問42】～《課題11》（略）

3-4. 教案の作成

■《課題12》(略)

■《課題13》(略)

■《課題14》(解説)

　適切な副教材を使うことによって、学習者に興味や関心を持たせたり、学習者の理解を助けたり、効率的に練習をさせたりすることができます。しかし、ビデオやウェブサイト、プレゼンテーションソフト（パワーポイントなど）で作ったスライドなどは、それを見せることが目的になってしまい、本来の学習の目標を忘れてしまったり、学習者の反応を見ないで授業を進めたりしてしまいがちです。そうならないように気をつける必要があります。そのほかに注意することとして、以下のようなことが考えられます。

　絵や写真：学習者に注目させたいことがはっきりわかるもの、学習者全員に見える大きさのものを選ぶ。教室で見せるときの見せ方に注意する。

　音声教材、ビデオ、コンピュータなど：教室で使えるかどうか、音の大きさなどを事前に確認する。

3-5. 授業実践と授業評価

(1) 教師としての目標と評価

■《課題15》(解説)

　学習者が学習目標を達成できるように、教えるときにどのような工夫をするのか、どのようなことに気をつけるのかを考えるようにします。具体的に思いつかない場合は、以下のような例を参考にしてください。

・場面や状況を示して文型の意味を学習者に推測させる導入をする。
・動作の継続を表す文型（「Ｖています」）の練習をするとき、結果の存続を表す文型になる動詞（例：住む、落ちる）を入れない。
・視覚教材（絵や写真）を使って、テンポよく文型練習をする。
・教師の代わりに学習者にキューを言わせるなど、教師主導ではない方法を取り入れる。
・学習者一人一人の発話を聞く。
・学習者の反応をよく見て、教師の指示がわからない学習者を作らない。

- 学習者のまちがいをすぐに直さないで、学習者に直させる。
- 学習者どうしでロールプレイをさせた後、2組ぐらいに発表をさせ、活動の成果を確認する。
- 学習者があきないように指名の仕方を工夫する。

■《課題16》(解説)

　教師は、学習者の理解を確認する質問をしたり、学習者の表情や活動への参加態度を見たりしながら、その授業が順調に進んでいるかどうかを確認しています。つまり、授業中に自分の授業を評価していると言えます。しかし、それだけでは不十分です。たとえば、学習者が楽しそうにしていた授業でも役に立つ授業にならないこともあります。また、1人の教師に見えることには限界があります。特に人数の多いクラスで教えている場合、学習者全員の様子をていねいに見ることは難しいです。ほかの人に見てもらえれば、学習者の様子をくわしく教えてもらうことができます。また、ふだん自分では気がつかない点を気づかせてくれます。ビデオにとったものを見ることも、ふだん自分では気がつかないことがわかります。自分がしていることを、なぜそのようにしているのかを考えながら見ると、ふだん学習者をどのように見ているか、学習者がどのように学んでいくと考えているかなどに気がつくきっかけになるでしょう。

(2) 授業中のフィードバック
■【質問43】(解説)

　第2章の【質問21】(p.21)や【質問31】(p.35)でも、学習者のまちがいに対する教師のフィードバックについての質問があります。【質問21】では文型練習、【質問31】では応用練習のときのフィードバックを考えています。これらの質問を思い出して、学習の段階や活動の目的によってフィードバックの仕方が違うことをもう一度確認するとよいでしょう。

1) 学習者の理解や習得の状態を確認しているかどうか、学習者の反応をいつも注意して見ているかどうかを思い出してください。学習者の習得の状態を確認することは、教師の重要な仕事です。
2) 【質問21】【質問31】の解説を参考にしてください。
3) 学習者のまちがいの直し方に注意するだけでなく、学習者のまちがいから、教師側に何か問題はなかったかを考えるようにしましょう。ほとんどの学習者が同じまちがいをする場合は、教え方に問題があったと考えることができます。また、1人の学習者がいつも同じまちがいをする場合は、その学習者に特別な指導が必要だと考えられま

す。学習者がどのようなまちがいをするか、まちがいに個人差があるかどうかなどにも注意を払うようにします。

(3) 授業後の評価

■《課題17》（解説）

　授業が終わったら、「学習者の学習目標」と「教師としての目標」が達成できたかどうかを中心に評価します。しかし、目標にはなくても、外から観察できる教師の教授行動について評価することができるでしょう。たとえば、教師の声の大きさや話す速さ、黒板に書く文字の大きさ、絵カードの選び方や見せ方などは、学習者にとってのわかりやすさに影響します。学習者が不安を感じず、できるだけ楽しく、達成感を持つことができるような授業であったかどうかを考えて、評価するようにしてください。

■《課題18》（略）

【参考文献】

青木直子・尾崎明人・土岐哲編 (2001)『日本語教育学を学ぶ人のために』世界思想社

岡崎敏雄・岡崎眸 (1997)『日本語教育の実習−理論と実践−』アルク

─────────── (2001)『日本語教育における学習の分析とデザイン』凡人社

岡崎敏雄・岡崎眸，日本語教育学会編 (1990)『日本語教育におけるコミュニカティブ・アプローチ』凡人社

国際交流基金・日本国際教育支援協会 (2006)『日本語能力試験　出題基準〔改訂版〕』凡人社

国際交流基金日本語国際センター (1992)『外国人教師のための日本語教授法』(非売品)

小柳かおる (2004)『日本語教師のための新しい言語習得概論』スリーエーネットワーク

日本教育工学会編 (2000)『教育工学事典』実教出版

細川英雄編 (2002)『ことばと文化を結ぶ日本語教育』凡人社

牧野成一・鎌田修・山内博之・齊藤眞理子・荻原稚佳子・伊藤とく美・池﨑美代子・中島和子 (2001)『ACTFL-OPI 入門—日本語学習者の「話す力」を客観的に測る』アルク

三牧陽子 (1996)『日本語教育トレーニングマニュアル⑤日本語教授法を理解する本　実践編』バベル・プレス

宮地裕・田中望 (1988)『放送大学教材　日本語教授法』日本放送出版協会

吉島茂・大橋理枝（他）訳編 (2004)『外国語教育Ⅱ—外国語の学習、教授、評価のためのヨーロッパ共通参照枠—』朝日出版社

K.ジョンソン／K.モロウ編著，小笠原八重訳 (1984)『コミュニカティブ・アプローチと英語教育』桐原書店

Canale, M. (1983) From Communicative competence to communicative language pedagogy. in Richards, J. & Schmidt, R. (eds.) *Language and communication*. London: Longman. pp.2-27

【参考にした教科書・教材類】

国際交流基金日本語国際センター編 (1989)『日本語初歩』凡人社

国際日本語普及協会 (1991)『Japanese for Busy People 1　教師用指導書』講談社インターナショナル

─────────── (2006)『Japanese for Busy People 1』講談社インターナショナル

─────────── (2006)『改訂第3版コミュニケーションのための日本語第1巻かな版テキスト　Japanese for Busy People 1: Revised 3rd Edition, Kana Version』講談社インターナショナル

小林典子・フォード丹羽順子・高橋純子・藤本泉・三宅和子 (1995)『わくわく文法リスニング99』凡人社

CAGの会 (1993)『日本語コミュニケーションゲーム 80』ジャパンタイムズ

スリーエーネットワーク編 (1998)『みんなの日本語初級Ⅰ』スリーエーネットワーク

―――――――― (1998)『みんなの日本語初級Ⅱ』スリーエーネットワーク

―――――――― (1998)『みんなの日本語初級Ⅰ翻訳・文法解説英語版』スリーエーネットワーク

―――――――― (2000)『みんなの日本語初級Ⅰ練習C・会話イラストシート』スリーエーネットワーク

―――――――― (2000)『みんなの日本語初級Ⅰ教え方の手引』スリーエーネットワーク

髙橋美和子・平井悦子・三輪さち子著 (1994)『クラス活動集 101』スリーエーネットワーク

坂野永理・大野裕・坂根庸子・品川恭子・渡嘉敷恭子 (1999)『初級日本語げんき』ジャパンタイムズ

文化外国語専門学校編 (1995)『楽しく話そう』凡人社

―――――――― (2000)『新文化初級日本語Ⅰ』凡人社

―――――――― (2000)『新文化初級日本語Ⅱ』凡人社

【参考にしたウェブサイト】（最終アクセス日　2024 年 3 月 28 日）

日本語教育通信　https://www.jpf.go.jp/j/project/japanese/teach/tsushin/

日本語能力試験　レベル認定の目安　https://www.jlpt.jp/about/levelsummary.html

ヨーロッパにおける日本語教育と Common European Framework of Reference for Languages
　　https://www.jpf.go.jp/j/publish/japanese/euro/

日本語教育シラバス・ガイドライン一覧 (国際交流基金・日本語教育国・地域別情報)
　　https://www.jpf.go.jp/j/project/japanese/survey/area/country/syllabus/

中華人民共和国制定　「全日制義務教育日本語課程標準 (実験稿)」 (国際交流基金日本語国際センター「日本語翻訳版」)
　　https://www.jpf.go.jp/j/project/japanese/survey/area/country/syllabus/pdf/sy_honyaku_4china.pdf

教科書をつくろう　https://www.jpf.go.jp/j/urawa/j_rsorcs/jrs_04.html

みんなの教材サイト　https://www.kyozai.jpf.go.jp/

ひらひらのひらがなめがね　https://www.hiragana.jp

POP 辞書　https://www.popjisyo.com

JF 日本語教育スタンダード　https://www.jfstandard.jpf.go.jp

まるごと　日本のことばと文化　https://marugoto.jpf.go.jp

ACTFL Proficiency Guidelines 2012
　　https://www.actfl.org/educator-resources/actfl-proficiency-guidelines/japanese

【執筆者】

阿部洋子（あべ　ようこ）

岩本（中村）雅子（いわもと（なかむら）　まさこ）

◆教授法教材プロジェクトチーム

　久保田美子（チームリーダー）

　阿部洋子／木谷直之／木田真理／小玉安恵／岩本（中村）雅子／長坂水晶／簗島史恵

※執筆者およびプロジェクトチームのメンバーは、初版刊行時には、
　すべて国際交流基金日本語国際センター専任講師

イラスト　岡﨑久美

国際交流基金 日本語教授法シリーズ
第9巻「初級を教える」

The Japan Foundation Teaching Japanese Series 9
Teaching Beginners
The Japan Foundation

発行	2007 年 3 月 31 日　初版 1 刷
	2025 年 2 月 28 日　　　　15 刷
定価	700 円 + 税
著者	国際交流基金
発行者	松本 功
装丁	吉岡 透 (ae)
印刷・製本	三美印刷株式会社
発行所	株式会社ひつじ書房

〒 112-0011　東京都文京区千石 2-1-2　大和ビル 2F
Tel : 03-5319-4916　Fax : 03-5319-4917
郵便振替　00120-8-142852
toiawase@hituzi.co.jp　https://www.hituzi.co.jp/

Ⓒ2007 The Japan Foundation
ISBN978-4-89476-309-8

造本には充分注意しておりますが、落丁・乱丁などがございましたら、
小社かお買い上げ書店にておとりかえいたします。
ご意見・ご感想など、小社までお寄せくだされば幸いです。

―――――――――――― 好評発売中！――――――――――――

ベーシック日本語教育
佐々木泰子 編　定価 1,900 円＋税

日本語コミュニケーションのための聴解教材の作成
野田尚史・中尾有岐 編　定価 3,200 円＋税

日本語コミュニケーションのための読解教材の作成
野田尚史・桑原陽子 編　定価 3,200 円＋税

━━━━━━━━━━━━━ 好評発売中！━━━━━━━━━━━━━

使える日本語文法ガイドブック―やさしい日本語で教室と文法をつなぐ
中西久実子・坂口昌子・大谷つかさ・寺田友子 著　定価 1,600 円＋税

場面とコミュニケーションでわかる日本語文法ハンドブック
中西久実子 編　中西久実子・坂口昌子・中俣尚己・大谷つかさ・寺田友子 著　定価 3,600 円＋税

ベトナム人に日本語を教えるための発音ふしぎ大百科
金村久美・松田真希子 著　定価 3,200 円＋税

ひとりでも学べる日本語の発音―OJAD で調べて Praat で確かめよう
木下直子・中川千恵子 著　定価 1,600 円＋税

━━━━━━━━━━━━━━ 好評発売中！ ━━━━━━━━━━━━━━

日本語　巡り合い　1
佐々木瑞枝 監修　『巡り合い』編集委員会 執筆　定価 3,000 円＋税

日本で学ぶ留学生のための中級日本語教科書
出会い【本冊　テーマ学習・タスク活動編】
東京外国語大学留学生日本語教育センター 著　定価 3,000 円＋税

日本で学ぶ留学生のための中級日本語教科書
出会い【別冊　文型・表現練習編】
東京外国語大学留学生日本語教育センター 著　定価 1,800 円＋税

「大学生」になるための日本語1・2
堤良一・長谷川哲子 著　各巻 定価 1,900 円＋税

そのまんまの日本語―自然な会話で学ぶ
遠藤織枝 編　阿部ひで子・小林美恵子・三枝優子・髙橋美奈子・髙宮優実・中島悦子・本田明子・谷部弘子 著
定価 2,000 円＋税

日本語がいっぱい
李徳泳・小木直美・當眞正裕・米澤陽子 著　Cui Yue Yan 絵　定価 3,000 円＋税